C'EST BEAU, MAIS C'EST FAUX

DU MÊME AUTEUR

Du bruit dans Landerneau, Arléa, 1995.
Les deux font la paire, Arléa, 1997.

Patrice Louis

C'EST BEAU, MAIS C'EST FAUX

arléa
16, rue de l'Odéon, 75006 Paris
www.arlea.fr

Février 2003
ISSN 1270-9204
ISBN 2-86959-605-7

Avant-propos

La légende veut que... L'usage dit que...

Alors écoutons l'usage et la légende. Ils le méritent car ils soulignent la même chose : les règles posent leurs contraintes, mais on n'est pas obligé de s'y soumettre.

On ne croisera ici ni on-dit ni fables. Dans ces pages, la bonne foi n'est pas contestée, la paresse parfois. C'est par confort que l'on répète ces vérités d'évidence qui n'ont aucune ou guère de réalité. Polies par les ans, ces affirmations ont le tort, certes léger mais bien réel, de n'être pas vraies. Seulement elles sont tellement vraisemblables que le doute a cessé de s'exercer.

Un point de vue controversé, dix fois martelé, ébranle les esprits faibles. Ce n'est pas de notre compétence, puisque les faits y sont abordés sous l'angle de la foi. Que le suaire de Turin soit saint ou pas relève de la conviction individuelle – quelque preuve que l'on apporte.

Une rumeur cent fois transmise risque de se muer en information dangereuse. Qu'il n'y ait pas de mygale dans les thuyas ne fera pas dévier ceux qui affirment le contraire. Ce n'est pas davantage l'objet de notre propos.

Au nom de la fumée qui n'existe pas sans feu, les bruits continueront d'être colportés.

Une erreur mille fois répétée devient légende. Si belle. L'ordinaire se mue en extraordinaire. Et pourtant, il était si simple de corriger la faute. L'exercice est – presque – facile. C'est l'objet de ces pages.

Mais, que ce soit entendu : une fois lues, ces corrections doivent être aussitôt oubliées !

P. L.

Sommaire

« Et nous avons des nuits plus belles que vos jours » est un vers d'une tragédie de Racine.
« Les fêtes battent son plein » est préférable à « les fêtes battent leur plein ».
Gadget est anglais d'origine.
GMT signifie *Greenwich Meridian Time.*
Grigri est un mot africain.
Le « h » de Ghislaine ne sert à rien.
L'hexagone ne peut avoir que six côtés.
L'humanité a fait un pas de géant sur la Lune avec Armstrong.
Les impôts, ça se déclare.
Jésus est né en l'an 0.
« Kinésithérapeute » et « cinématographe » n'ont aucun rapport entre eux.
Le Kremlin-Bicêtre est un nom franco-russe.
La Légion d'honneur se réclame.
Lucrèce Borgia n'a pas de morale.
Le lis est la fleur emblème des rois de France.
Machiavel est un perfide.
Entre Marathon et Athènes, il y a 42 km 195.
Médard est un saint qui fait pleuvoir.
La mémoire aime commémorer les anniversaires.
Le mètre est calculé sur le méridien terrestre.
« Métro, boulot, dodo » est un slogan créé en Mai 68.
Molière est mort sur scène
Le mont-de-piété tire son nom de l'emplacement géographique.
Morphée, avec ses bras accueillants, est une dame séduisante.
Les mots français ne peuvent pas remplacer les anglais.
Les mots-valises sont une invention de Lewis Carroll.
Mousmé est un mot arabe.
Le muguet est la fleur du 1er Mai.
Le mur du son a été inventé avec l'avion.
Nobel n'a pas décerné de prix de mathématique parce que sa femme le trompait avec un « matheux ».
L'olympiade prochaine aura lieu à Athènes.

L'orchestre du *Titanic* jouait *Plus près de toi, mon Dieu* au moment du naufrage.

Les papillons sud-américains laissent les cow-boys indifférents.

Perfectionner ce qui peut l'être est une obligation.

Un prisonnier peut se faire la belle.

Le Quiévrain coule entre la France et la Belgique.

La radio a été inventée par Branly.

Le Rubicon a inspiré Jules César.

Une sardine ne peut pas boucher le port de Marseille.

Le smoking donne une élégance toute britannique.

Les soldes sont avantageuses cette année.

SOS signifie *Save Our Souls.*

Stakhanov était un bourreau de travail.

Toréador est un mot espagnol.

Tous les mots peuvent rimer.

Le troisième millénaire a commencé le 1er janvier 2000.

Le vaisseau de Paris « flotte mais ne sombre pas ».

Vulgum pecus est une locution latine.

Les yeux de Chimène expriment l'amour.

« L'Ange bleu », c'est Marlène Dietrich

« L'Ange bleu » est un cabaret, pas le surnom de Marlène Dietrich dans le film de Josef von Sternberg (1930).

Elle, c'est Lola-Lola.

Dans *Der Blaue Engel*, Maria Magdalena Dietrich (dite Marlène, 1901-1992) joue une fille de mauvaise vie, chanteuse dans un bar à matelots d'une ville allemande des années 20, *L'Ange bleu*. Le professeur Rat (« Prudence » en français) – rebaptisé Unrat (« Ordure » en français) par ses élèves – s'inquiète que ces derniers fréquentent le beuglant. Il va céder à son tour, et le film raconte sa fascination – et sa déchéance – pour *cette merveilleuse et vivante perle des bas quartiers* (selon la formule de Maria Riva, fille de Marlène Dietrich).

Emil Jannings, qui joue le rôle, est une grande *star*. *L'Ange bleu* – premier film parlant tourné en Allemagne – va créer un mythe, celui de Marlène-Lola.

L'actrice entre au firmament du septième art avec son boa de plumes, son haut-de-forme, ses jarretières noires et ses cuisses nues. *Le succès du film viendra des cuisses nues de Mademoiselle Dietrich*, déclare l'auteur du roman d'où est tiré le film, Heinrich Mann. Autre élément constitutif de la légende, sa voix rauque chantant : *Je suis faite pour l'amour de la tête aux pieds.*

Marlène Dietrich ne croit pas au succès de l'œuvre qui la révèle à jamais : *Je trouvais le film très commun et vulgaire, deux notions fort différentes, selon moi, mais qui se complétaient parfaitement.*

« À nous deux Paris ! » est l'expression fétiche de Rastignac

Eugène de Rastignac est un jeune arriviste, froid et intrigant.

Il a le sens de la formule. Encore faut-il lui attribuer celle qui lui appartient.

Protagoniste de *La Comédie humaine* – cycle de romans d'Honoré de Balzac –, présent dans vingt-sept livres, il est étudiant en droit lors de sa première apparition, dans *Le Père Goriot* (1834).

Eugène de Rastignac avait un visage tout méridional, le teint blanc, des cheveux noirs, des yeux bleus. Sa tournure, ses manières, sa pose habituelle dénotaient le fils d'une famille noble, où l'éducation première n'avait comporté que des traditions de bon goût.

À la fin du roman, après avoir enterré le père Goriot au Père-Lachaise, en fin d'après-midi, il s'affirme décidé à conquérir Paris.

Rastignac, resté seul, fit quelques pas vers le haut du

cimetière et vit Paris tortueusement couché le long des deux rives de la Seine, où commençaient à briller les lumières. Ses yeux s'attachèrent presque avidement entre la colonne de la place Vendôme et le dôme des Invalides, là où vivait ce beau monde dans lequel il avait voulu pénétrer. Il lança sur cette ruche bourdonnant un regard qui semblait par avance en pomper le miel et dit ces mots grandioses : « À nous deux maintenant ! »

Et pour premier acte du défi qu'il portait à la Société, Rastignac alla dîner chez Mme de Nucingen.

Pauvre et idéaliste, Rastignac devient gigolo et rusé, pour finir ministre et mari d'Augusta, la propre fille de sa maîtresse.

Le béret est basque

Son nom d'origine commence bien par un « b », mais c'est pour Béarn.

Le béret basque, c'est la France. Associé à la baguette de pain sous le bras, au journal tenu d'une main tandis que l'autre s'agrippe à une bouteille de vin rouge, le béret est tricolore. Il se doit cependant d'être bleu marine, souple et rond. En pure laine, il est, dans l'ordre, tricoté, remaillé, foulé, teint, mis en forme, séché, gratté, tondu.

À l'origine, au [illegible] siècle, il est béarnais. Les bergers des Pyrénées le tricotent avec la laine de leurs moutons, puis le foulent aux pieds des heures durant. L'attribution à la région voisine est due à la couleur la plus utilisée, et qui se trouve être celle que portent les Basques.

Le béret arrive à Paris grâce aux poètes béarnais venus y chercher le succès. Il connaîtra le triomphe. Il coiffe les chasseurs alpins, les Américains aux jeux Olympiques de 1937, les anciens combattants, les miliciens, les maquisards – qui en font l'emblème de l'attachement à la patrie – le général Montgomery et ses unités combattantes, Claudel et Hemingway, Michèle Morgan et Greta Garbo, Fidel Castro et Ernesto « Che » Guevara.

Le bouclier de Brennus doit son nom à un Gaulois

Le trophée suprême pour le rugby français a une curieuse histoire.

Pour les Romains, Brennus est le nom d'un chef des Senones qui les bat sur l'Allia, vers 390 avant J.-C., et prend la Ville sans pour autant se rendre maître du Capitole, mis en alerte par les oies sacrées qui y sont élevées. Pour se retirer, Brennus exige un tribut, laissant entendre qu'on se contenterait d'une somme raisonnable.

Récit de Tite Live dans son *Histoire romaine* :

Alors le Sénat se réunit et chargea les tribuns militaires de traiter avec l'ennemi. Il y eut une entrevue du tribun militaire Quintus Sulpicius et du chef des Gaulois Brennus. Un accord fut conclu et on estima à mille livres d'or la rançon d'un peuple appelé à devenir bientôt le maître du monde. À cette honte vint s'ajouter un outrage : les Gaulois avaient apporté des poids et, comme le tribun les refusait, l'insolent ennemi y ajouta son épée et fit entendre ces paroles intolérables pour les Romains : « Malheur aux vaincus » [en latin *Vae victis*].

Il est finalement vaincu par Marcus Furius Camillus (Camille).

Pas de bouclier dans cette légende-là... Et pour cause : l'« œuvre d'art » – de bronze et de bois, ornée de feuilles de chêne entrelacées – qui récompense le champion de France de rugby n'est pas due à ce Brennus-là.

Elle est attribuée à un autre. Mais il ne s'appelait pas Brennus..., et..., il n'en a pas été le créateur : Brennus Ambiorix Crosnier (1859-1943), maître-graveur de son état. Portant les prénoms de deux chefs gaulois, l'enfant est appelé Charles, mais, devenu adulte, il assume le fardeau de son état civil en choisissant le nom de Brennus.

Physiquement, il est certes moustachu – comme la légende décrit les Celtes fiers – mais petit et bedonnant ; en outre, il porte un lorgnon. Ces handicaps n'empêchent pas le fournisseur de trophées et médailles d'avoir la passion de l'effort. Il fonde le Sporting Club Amateurs, qui deviendra le SCUF (Sporting Club universitaire de France). Cross-countryman, il est membre de l'USFSA (Union des sociétés françaises des sports athlétiques), et homme-orchestre de la commission du rugby – trésorier, arbitre, sélectionneur, préposé au guichet, fournisseur de breloques. Il est connu sur tous les terrains. En province comme à Paris, son apparition déclenche instantanément quolibets et sifflets. La foule lui fait endosser tout ce qui ne va pas : les places trop chères, les chaises manquantes, le service d'ordre inexistant, les défaites de l'équipe de France, le froid, la pluie, la chaleur excessive... Il est le parfait exutoire mais, au fond, tout le monde l'aime bien.

Père du rugby, il ne serait donc pas celui du trophée qui porte son nom.

C'est au baron Pierre de Coubertin que revint la lourde

tâche de l'organisation matérielle [...] ; c'est lui qui voulut bien se charger des délicates fonctions d'arbitre [...] ; c'est également lui qui offrit le challenge dont le club vainqueur eut la garde : un magnifique bouclier damasquiné, au centre les armes de l'Union, deux anneaux enlacés, et la devise LUDUS PRO PATRIA. *Monté sur un magnifique cadre de peluche rouge, cet objet d'art fait le plus grand honneur à celui qui l'a conçu ; nous croyons savoir que l'auteur n'est autre que le dévoué et sympathique secrétaire de l'Union.*

Cet article est publié, à l'occasion de la première finale, disputée le 20 mars 1892, dans *Sports athlétiques*, le bulletin officiel de l'USFSA. Ce secrétaire, c'est le baron. Charles Brennus, lui, ne sera membre de l'Union qu'à partir de 1898. Cependant, en 1892, il en est déjà le fournisseur : Coubertin aurait dessiné le bouclier, Brennus l'aurait ciselé et exécuté. L'ironie des foules aurait fait le reste, attribuant à l'artisan rondouillard un bouclier qui évoque l'ombre gigantesque d'un chef gaulois.

Aujourd'hui, sur le trophée, on peut lire : *Le bouclier de Brennus offert par le SCUF en souvenir de son président-fondateur (1895-1943) et confié chaque année au vainqueur du Championnat de France de rugby.*

Cette compétition suit de vingt ans l'arrivée du rugby en France. La première année, seuls deux clubs y participent : sous l'arbitrage de Pierre de Coubertin, le Racing Club de France l'emporte, 4-3, sur le Stade français.

En 1921, Charles Brennus reçoit la Légion d'honneur avant d'être élevé au rang de président d'honneur de la toute jeune FFR qui a succédé à l'USFSA.

Le bridge est un jeu britannique

Peut-être, mais le mot, lui, est russe.

Chez les tsars, deux jeux utilisent le mot *biritch* pour désigner le « sans-atout ». Quand les diplomates grands-bretons en poste à Constantinople se mettent au whist, ils reprennent ce *biritch*, contracté en *britch* par les Turcs, et en font le *bridge* (« pont » en français).

D'autres avancent pour origine du mot le souvenir du pont (*bridge*) que ces sujets de la reine Victoria traversent pour aller de leur ambassade au café Le Khédive, où ils pratiquent leur jeu préféré.

Seule certitude : c'est à Constantinople, vers 1850, que le bridge apparaît. Quatre joueurs, dont un, le donneur, choisit l'atout. Son partenaire est le mort. Les deux équipes peuvent contrer et surcontrer à l'infini. Le jeu se développe parmi les diplomates européens, sur la Côte d'Azur et à Paris. Il débarque enfin à Londres. Au début du XXe siècle, ce sont les officiers tout aussi *british*, mais eux en poste aux Indes, qui inventent les enchères.

Et cette fois, c'est bien un mot anglais qui est à l'origine du chelem – grand ou petit : toutes les levées raflées, ou toutes moins une. *Slam* veut dire écrasement. Au pays des jeux de comptoir (« Belote, rebelote et dix de der ! »), les bridgeurs passent pour plus cérébraux (« Deux piques, trois carreaux, quatre sans-atout ! »).

Silence, on joue !

Les calendes sont grecques

Calende est un mot latin, pas grec.

Dans le calendrier grec, les jours du mois commencent avec la nouvelle lune, et les mois sont divisés en trois périodes de dix jours appelées décades.

Dans le calendrier romain, seuls trois jours ont un nom : le premier du mois, les calendes ; le cinquième, les nones ; le treizième, les ides. Les autres se calculent « à reculons » par rapport à eux.

Calendae est donc en usage à Rome, mais pas à Athènes. Renvoyer aux calendes grecques, c'est remettre à une époque qui n'existe pas, reporter à jamais. Selon Suétone, l'empereur Auguste emploie l'expression *ad calendas graecas* à propos de l'échéance improbable des débiteurs insolvables.

Monsieur Carnavalet a donné son nom à un musée

D'abord, c'était une dame !

Françoise de la Baume naît au milieu du XVIe siècle. Elle épouse le comte de Montrevel. Devenue veuve, elle convole avec François de Kernovenoy, comte breton, précepteur du duc d'Anjou, écuyer d'Henri II.

En 1548, Jacques des Ligneris fait construire un hôtel particulier au cœur de Paris, sur la rive droite. Trois décennies plus tard, ses héritiers le vendent à madame de Kernovenoy. À nouveau veuve – « très belle et bien aimable », selon Brantôme –, elle revend la maison en 1602. Et c'est son nom qui va rester. Les Parisiens ayant du mal à le prononcer, l'hôtel devient « Carnavalet ».

On peut rencontrer deux autres à-peu-près dans la Capitale : c'est par pudeur que la rue du Poil-au-Con est rebaptisée rue du Pélican (Ier). Le nom d'origine est dû à la présence, au XIVe siècle, des nombreuses « boutiques à péché » qui la bordent. Quant à la rue du Petit-Musc (IVe), elle s'appelait de la Pute-y-Muse.

La langue est riche de ces trouvailles, à l'à-peu-près farpaitement (*sic*) involontaire : à tire-l'abricot (à tire-larigot) ; le bas de laine de Proust (La madeleine) ; bomber le Corse (le torse) ; un bouc en train (boute-en-train) ; les bras de l'orfèvre (de Morphée) ; connu comme le houblon (loup blanc) ; la croix et la baleinière (la bannière) ; la cuisine de Jupiter (cuisse) ; dans sa Ford intérieure (en son for intérieur) ; découvrir le poteau rose (pot aux roses) ; en bonnet difforme (bonne et due forme) ; en sortir idem (indemne) ; et lycée de Versailles (vice-versa) ; fier comme d'Artagnan, ou un petit banc, ou un bar-tabac (Artaban) ; je ne le connais ni des lèvres ni des dents (ni d'Ève ni d'Adam) ; ingénieur à Grenoble (agronome) ; les pieds de la dame au clebs (l'épée de Damoclès) ; pousser des cris d'orfèvre (d'orfraie) ; des quantités gastronomiques (astronomiques) ; les quenelles intestines (querelles) ; riche comme Fréjus ou les Russes (Crésus) ; rire à gorge d'employé (déployée) ; saoul comme un poulet de Loué (Polonais) ; le tonneau d'Adélaïde (des Danaïdes) ; tout part à vélo (vau-l'eau) ; vieux comme mes robes (Hérode).

Quelques personnages se glissent dans la liste : l'abbé Rézina (la Bérézina) ; lady de Nantes (l'édit de Nantes) ; le mec le plus ultra (le nec plus ultra) ; les quarante Grecs (les calendes grecques) ; Séféro, ce soldat (ces féroces soldats, de *La Marseillaise*).

Certaines erreurs finissent par s'installer officiellement : tomber dans les pommes (à partir de « pâmoison »)... Vache espagnole et épagneul (d'espagnol)... breton.

Les langues étrangères conduisent à d'autres à-peu-près : arrivée d'air... chaud (*arrivederci*) ; gousse d'ail (*good bye*) ; Saint-Cloud béret basque (*thank you very much*) ; Saint-Cloud Ménilmuche (si l'on prononce le *much* anglais à la française) ; un p'tit beurre, des touyous (*Happy birthday to you !*).

Deux illustrations montrent que ces dérapages ne sont pas une exclusivité tricolore :

« Elephant and Castle » est le nom d'un quartier de Londres reconnaissable à son absence d'éléphant et de château. Il tire son nom de l'épisode du roi d'Angleterre qui devait épouser l'Infante de Castille – titre déformé par ses sujets.

« Keine fisematenten » est la grossière adaptation de « ne pas visiter ma tente ». C'était, en Bavière, la mise en garde des mères à leurs filles que les soldats de Napoléon invitaient à entrer sous leur tente ; en allemand, la formule signifie « faire des chichis ».

Le cartésianisme est logique

La doctrine peut-être, pas son nom !

Descartes, ça commence par un « d », cartésianisme par un « c ». On aurait pu, ou dû, parler de « descartisme ».

Seulement voilà, le nom latin de l'auteur du *Cogito ergo sum* est Cartésius.

Ce choix est d'autant plus bizarre qu'en 1637 René Descartes se singularise en écrivant en français, et non en latin comme c'était l'usage.

Les noms de lieux qui suivent et leur gentilé (nom des habitants) ne commencent pas par la même lettre :

Bourg-la-Reine : Réginaburgiens ; Château-Arnoux : Jarlandins ; Épernay : Sparnaciens ; Épinal : Spinaliens ; Fontainebleau : Bellifontains ; L'Isle-Adam : Adamois ; Jargeau : Gergoliens ; Oradour-sur-Glane : Radounauds ; Pamiers : Appaméens ; Pont-à-Mousson : Mussipontains ; Pont-de-l'Arche : Archepontains ; Pont-Sainte-Maxence : Maxipontains ; Pont-Saint-Esprit : Spiripontains ; Saint-Cloud : Clodoaldiens ; Saint-

Denis : Dionysiens ; Saint-Dié-des-Vosges : Déodatiens ; Saint-Dizier : Bragards ; Sainte-Menehould : Ménéhildiens ; Saint-Gilles-Croix-de-Vie : Gillocruciens ; Saint-Jean-de-la-Ruelle : Stéoruellans ; Saint-Just-Saint-Rambert : Pontrambertois ; Saint-Omer : Audomarois ; Saint-Ouen : Audoniens ; Saint-Pierre[1] : Pierrotins ; Saint-Paul-Trois-Châteaux : Tricastins ; Saint-Yrieix-la-Perche : Arédiens ; Villefranche-sur-Saône : Caladois ; Villers-Cotterêts : Cotteréziens.

Alpes-de-Haute-Provence : Bas-Alpins ; Hauts-de-Seine : Altoséquanais ; Yonne : Icaunais.

Île-de-France : Franciliens.

Saint-Germain-des-Prés : Germanopratins.

À l'étranger, les habitants de Cadix sont les Gaditans ; ceux de Jérusalem, les Yérosolymitains ; ceux de Rio de Janeiro, les Cariocas ; et ceux de Sao Paulo, les Paulistes.

1. En Martinique, car les habitants de Saint-Pierre (-et-Miquelon) sont les Saint-Pierrais, ceux de Saint-Pierre-des-Corps les Corpopétrussiens, ceux de Saint-Pierre-le-Moûtier les Saint-Pierrois et ceux de Saint-Pierre-sur-Dive les Pétruviens.

« Cent fois sur le métier... » est une citation fidèle

Vingt fois suffisent amplement... C'est le début d'un vers de Nicolas Boileau (1636-1711).

Il se trouve dans *L'Art poétique* (1674), Chant I.

Hâtez-vous lentement, et sans perdre courage
Vingt fois sur le métier remettez votre ouvrage :
Polissez-le sans cesse et le repolissez ;
Ajoutez quelquefois, et souvent effacez.

« Cet orgue est le plus beau des plus beaux » est correct

Trois mots – pas un de plus – changent de genre en même temps que de nombre : amour, délice et orgue.

« Mon amour », mais « les amours enfantines ».
Un « délice », mais « de grandes délices » – donc « un de mes plus grandes délices ».
Un orgue portatif, mais « de grandes orgues ».

Georges Courteline s'en amuse : *On doit dire en bonne logique : « Cet orgue est le plus beau des plus belles » si on ne veut pas encourir le reproche d'écrire sa langue comme un cochon ».*

Et il a bien raison.

Chauvin était un soldat de Napoléon

Seule certitude, c'est un patriote agressif, excessif, exclusif.

Nicolas Chauvin serait né à la fin du XVIIIe siècle, à Rochefort, Charente-Maritime. Soldat de la Grande Armée, il serait mort en 1870, à Paris.

Malgré la précision de son état civil, c'est bel et bien un personnage imaginaire.

La légende présente Chauvin comme un soldat enthousiaste et naïf, blessé dix-sept fois au service de Napoléon 1er.

Héroïque volontaire des armées de la République et de l'Empire, couvert de blessures, décoré de la Légion d'honneur, il se fait remarquer de ses compagnons d'armes pour sa passion patriotique et son amour de l'Empereur.

Il est caricaturé la première fois en 1821. C'est au théâtre, dans une pièce d'Augustin Scribe, *Le Soldat laboureur.* En 1824, le dessinateur Nicolas-Toussaint le croque férocement, lui faisant chanter ses maladies vénériennes : *J'm'ai pas assez méfié de la païse,* souligne la légende de la gravure. On retrouve son nom, en 1831, dans un vaudeville, *La Cocarde tricolore,* de Théodore et Hippolyte Cogniard (Acte II, scène 8) : *J'suis Français, j'suis Chauvin, j'tappé sur le Bédouin !*

Voilà une fort curieuse antonomase ! note Gérard de Puymège dans sa thèse sur le chauvinisme. *Il est peu d'hommes, dans l'histoire, dont le nom en est venu à désigner une attitude extrémiste, qui plus est une attitude de masse, et l'on ne trouve guère parmi eux de gens de rang aussi modeste.* En outre, il doit reconnaître que l'homme est insaisissable. Nulle part, aucune trace probante de Nicolas Chauvin.

Le géographe Jacques Arago, sans doute abusé par un plaisantin, en rajoute dans l'article « chauvinisme » du *Dictionnaire de la conversation,* en 1845 : *Soldat à dix-huit ans, il a fait toutes les campagnes. Dix-sept blessures, toutes reçues par-devant, trois doigts amputés, une épaule fracturée, un front horriblement mutilé, un sabre d'honneur, un ruban rouge, deux cents francs de pension, voilà le vieux grognard qui se repose au soleil de son pays, en attendant qu'une croix de bois protège sa tombe.*

Dix-sept campagnes, peut-être ; autant de blessures, c'est trop beau pour être vrai. Reste que la légende continue de se forger.

L'écrivain Jules Claretie s'y met à son tour, dans un article du *Temps,* le 3 janvier 1913 : *Chauvin retraité revint à Rochefort et fut alors suisse à la préfecture maritime. Pendant le court séjour que Napoléon Ier fit à Rochefort avant de s'embarquer à l'île d'Aix pour Sainte-Hélène, Chauvin ne voulut pas quitter la porte où couchait son maître. Le départ de l'Empereur et le retour du drapeau blanc le mirent dans un état d'exaltation extrême. Il emporta chez lui un vieux pavillon tricolore et s'en fit une paire de draps ; plus grognard que jamais, Chauvin murmurait : « Je crèverai dedans », il tint parole.*

C'est accidentellement, lors d'une échauffourée de la Commune de Paris, qu'il meurt, dans la version fournie, en 1872, par Alphonse Daudet, dans un des *Contes du lundi, La Mort de Chauvin : C'était le dernier Français.*

Quant au mot « chauvinisme », il fait son apparition en 1840. Grâce, encore, au théâtre. Il s'agit d'une revue donnée pour la première fois le 30 novembre, sur la scène du Palais-Royal, *Les Guêpes.* On y trouve cette réplique, que l'Histoire s'est chargée de démentir : *Le chauvinisme a fait son temps.*

Le Club Med', c'est Trigano

Le camping, oui... Pas le Club.

Son créateur s'appelle Gérard Blitz.

Belge, fils d'un diamantaire d'Anvers, il est champion olympique de natation, héros de la Seconde Guerre mondiale. En révolte contre la société bourgeoise, il fonde, en 1949, une association à but non lucratif. Son nom : Club Méditerranée. Son premier village, dans la baie d'Alcudia, aux Baléares, accueille deux mille trois cents adhérents, recrutés par petites annonces dans *Samedi-Soir* et *L'Équipe.* La formule est novatrice : le forfait comprend tout, sauf les dépenses de bar. Les employés sont baptisés G.O. (Gentils Organisateurs).

Surtout pas des gens de l'hôtellerie, recommande Gérard Blitz, *ils ne comprennent rien aux vacances. Stakhanoviste du loisir, le G.O. doit être capable de passer une nuit blanche le sourire aux lèvres, de sauter deux repas sans la moindre défaillance. Ce qu'on attend de lui ? Une disponibilité permanente, de l'imagination, de la vivacité d'esprit et surtout une gentillesse sans limite.*

Les G.M. (Gentils Membres) sont installés sous des

tentes. Le fournisseur s'appelle Trigano (*La tente, c'est Trigano*). C'est une entreprise familiale qui fabrique, outre des tentes, des bâches et des stores. Avant de travailler pour elle, Gilbert, le fils autodidacte, écrit pour les chansonniers (Pierre Ferrari, Roméo Carlès) et joue les apprentis comédiens chez Pierre Dux, Fernand Ledoux et Gabrielle Fontan. Il est délégué des Forces unies de la Jeunesse patriotique pendant la guerre. Il rejoint l'équipe en 1954 en tant que trésorier. C'est lui qui incarne le « Club », ou « Club Med' », qui en est le père spirituel.

Le premier village de cases, inspirées des farés polynésiens, ouvre en 1952, à Corfou, en Grèce. En 1957, le premier village de neige est à Leysin, en Suisse. Quant au premier village permanent, il est inauguré, en 1965, à Agadir, au Maroc.

Le sens de l'accueil et le style de vie sont empruntés à la vie polynésienne, tandis que disparaît, en 1957, toute circulation d'argent au Club. C'est le règne du collier-bar entre G.O. et G.M.

Le Club, explique Gilbert Trigano, *c'est d'abord et avant tout le village. Dans ce lieu, des femmes et des hommes sont là, disponibles, attentifs, compétents. C'est la formidable union de cette équipe, de ces G.O. (Gentils Organisateurs) et du village qui est la véritable invention du Club. Alors, dans ce lieu privilégié, entourés de cette équipe, nos « clients » deviennent G.M. (Gentils Membres). Ils se reconnaissent dans ce lieu conçu pour eux, ils s'en emparent et y vivent un temps différent, fait de simplicité et de fêtes, d'un égoïsme bienveillant et tolérant.*

Ancien communiste, Trigano rêve d'une société sans classes – *En slip, il n'y a plus de patrons, plus de cadres, plus d'ouvriers.* Les villages se veulent idylliques, remplaçant le *Sea, Sex and Sun* par le « Sports, Spectacles et Buffet à volonté ». Le bronzage est le signe de ralliement de toute une génération.

Les comédiens du Splendid érigent le Club en mythe à travers leur spectacle « Coquillages et crustacés », adapté au cinéma sous le titre *Les Bronzés*...

Y'a du soleil et des nanas
Darla dirla dada...

En 1969, Gérard Blitz se retire pour se consacrer au bouddhisme zen.

Le coup de Jarnac n'est pas chevaleresque

Le coup de Jarnac se fait à la pointe de l'épée.

En 1547, sous le règne finissant de François 1er, un écrit attire l'attention sur la liaison du Dauphin, Henri, avec Diane de Poitiers.

Les soupçons pèsent sur Guy Chabot de Saint-Gelais, septième baron de Jarnac. Ils sont confirmés par François de Vivonne, sieur de La Châtaigneraie, qui passe pour la meilleure lame du royaume. L'intéressé nie.

Un duel judiciaire, sorte de jugement de Dieu, est organisé alors qu'Henri II est devenu roi. Il a lieu le dimanche 10 juillet 1547, à Saint-Germain-en-Laye.

Jarnac et La Châtaigneraie s'affrontent, devant la cour, après qu'un hérault d'armes a proclamé : *Laissez aller les bons combattants.* L'accusateur est grand favori mais Chabot l'emporte par un coup, aussi adroit qu'inattendu, que lui a enseigné un spadassin italien : il vise le jarret de l'adversaire quand celui-ci ferraille à des hauteurs plus nobles.

Les hérauts d'arme en font la relation :

Sur quoy seroient venus l'un contre l'autre furieusement et dextrement, et abordez l'un de l'autre, se seroient ruez plusieurs grands coups tant d'estoc que de taille, l'un desquels, de la part dudit de Jarnac, auroit atteint le jarret de la jambe gauche dudit de la Chastaigneraie en jetant un estoc dudit de Jarnac, et derechef donné encore un autre coup sur ledit mesme jarret ; au moien desquels coups il auroit commencé à soy esbranler. Quoy voyant, ledit de Jarnac se seroit démarché, voiant ledit de la Chastaigneraie navré, lequel tout incontinent seroit tombé à terre.

Selon Alfred Franklin, *la botte est jugée correcte et loyale par les innombrables témoins de ce duel, gentilshommes batailleurs, très susceptibles sur le point d'honneur et passionnés pour les choses de l'escrime.*

C'est plus de deux siècles plus tard, que, par un subit revirement, la locution « coup de Jarnac » commence à être prise en mauvaise part, à désigner une attaque perfide, une trahison, une félonie.

Pour *Le Laboureur*, en 1659, ces mots signifient *une atteinte sans remède.* Il ajoute que Chabot *fut toujours en haute considération à la cour, tant pour la gloire de ce fameux combat, que pour la récompense de ses services.* Furetière, en 1727, écrit que c'est *un coup d'adresse et imprévu.*

En 1771 seulement, dans le *Dictionnaire de Trévoux*, œuvre des jésuites, la définition donnée par Furetière est suivie de cette phrase : *Se prend toujours en mauvaise part.* Imputation fausse qui est réfutée par Larousse et par Littré.

Après le duel, La Châtaigneraie, solennellement convaincu de mensonge et de parjure, interdit à la cour, arrache l'appareil posé sur sa blessure et meurt trois jours après sa défaite. Il laisse une fille unique, Diane de Vivonne, décédée sans postérité.

Chabot, fort recherché à la cour, se distingue sous Coligny au siège de Saint-Quentin. Il sert ensuite les Guise et devient gouverneur de La Rochelle et du pays d'Aunis. Il laisse deux enfants, Jeanne et Léonor Chabot, baron de Jarnac.

Jusqu'en 1792, on a pu voir, sur le toit de la tour sud-ouest du château de Jarnac, une statue de plomb représentant La Châtaigneraie avec une jambe coupée. Elle est jetée dans la Charente par les révolutionnaires comme *objet scandaleux à des patriotes.*

en 1918) et le croque-madame (inventé en 1960, avec l'ajout d'un œuf) – autant de mots croquignolets.

Cela nous éloigne de notre croque-mort et de ses « pompes » – entendez par là « déploiement de faste »...
Et inutile de prendre cette tête d'enterrement !

Les cyclones ne portent que des prénoms féminins

Au début du siècle, un météorologue australien, Clement Wragge, baptise les cyclones du nom d'hommes politiques haïssables.

Depuis que deux cyclones se sont formés en même temps, lors de la Seconde Guerre mondiale, les dépressions tropicales se voient attribuer un nom de baptême quand elles atteignent le stade de la tempête.

Chaque année, l'Organisation météorologique mondiale (OMM) se réunit et établit une liste de noms. Ils se suivent par ordre alphabétique. Jusqu'en 1991, ils ont un prénom féminin au prétexte que, comme les femmes, les cyclones sont totalement imprévisibles. Depuis, ils sont alternativement masculins et féminins.

Les prénoms reviennent tous les cinq ans, sauf quand les cyclones ont causé d'immenses dommages. Ainsi, David et Hugo ne reviendront jamais.

Pour 2003, ceux de l'Atlantique ont été nommés : Ana, Bill, Claudette, Danny, Erika, Fabian, Grace,

Henri, Isabel, Juan, Kate, Larry, Mindy, Nicolas, Odette, Peter, Rose, Sam, Teresa, Victor, Wanda.

Prévues plusieurs années à l'avance, les listes comprennent des noms mêlant les consonances anglo-saxonnes, espagnoles, françaises, selon les régions où frappent les cyclones.

L'OMM reçoit les suggestions : 41, avenue Giuseppe-Motta, 1211, Genève, Suisse.

Une décade dure dix ans

En un mot comme en cent, décade, c'est dix jours, pas dix ans.

Ah, l'exaspérant anglicisme qui conduit à confondre avec décennie ! Décade, c'est la division grecque du mois, reprise dans le calendrier républicain. « Deca » est le radical construit sur le grec *deka* : dix.

Le magasin des mots en regorge : décaèdre, solide à dix faces ; décagone, polygone à dix côtés ; décalitre, récipient de dix litres ; décamètre, distance de dix mètres ; décapode, animal à dix pattes ; décapole, réunion de dix villes ; décasyllabes, vers de dix syllabes (soit un alexandrin raccourci de deux pieds) ; décathlon, compétition de dix épreuves ; décembre, dixième mois du calendrier julien.

Sans oublier décupler (multiplier par dix), le décan (division du zodiaque) ni le Décalogue (les Dix Commandements).

Pour en revenir à décade, si ce n'est pas dix ans, ce n'en est pas même la moitié – qui, elle, est un lustre, d'où l'expression : « Il y a des lustres ! » Et c'est loin de la lurette, difficilement quantifiable, et dont la seule chose que l'on sache, depuis longtemps, c'est qu'elle est séduisante. Ne dit-on pas « belle lurette » ?

Deux mots contraires ne peuvent être synonymes

La douche écossaise est bien connue.

Elle fait alterner l'eau chaude et l'eau froide.

Or que disent les mots ?
Qu'un individu soit « refroidi » de voir ses espoirs déçus : il est « échaudé »...
Qu'un être soit saisi d'une passion « torride », avec regard de « braise » : il est qualifié d'amoureux « transi »...
Le sang « chaud » peut provoquer des sueurs « froides »...
On rend compte de l'actualité « brûlante » par des nouvelles « fraîches »...
Quand on « bout » devant quelqu'un, on lui réserve un accueil « glacial ».

Ultime image troublante : quand quelqu'un meurt, on dit qu'il s'« éteint ». Et quand il est mort comment l'appelle-t-on ? « Feu » Monsieur...

Pour être tout à fait honnête, ce « feu »-là ne vient pas du latin *focus*, « foyer », « feu », mais de *fatutus*, « qui a accompli son destin ».

Dupont est en France le nom de famille le plus courant

Dupont n'est que le vingt-deuxième.

Loin devant le suivant, le nom le plus porté est Martin (228 857 naissances au XXe siècle) ; deuxième : Bernard (120 573) ; troisième : Thomas (108 141) ; quatrième : Petit (105 463) ; cinquième : Robert (102 950)[1].

Suivent Richard, Durand, Dubois, Moreau, Laurent, Simon.

Martin ne se contente pas d'être premier dans cette catégorie, il donne son nom à trois cent cinquante des trois mille cinq cents localités qui tiennent leur nom d'un saint.

La raréfaction des patronymes est une idée répandue mais fausse. En un siècle, deux cent mille noms de souche ancienne ont disparu mais cinq cent mille sont apparus. Sur l'ensemble, 50 % des Français ont un nom porté par

1. Données tirées de l'*Atlas des noms de famille en France*, de Laurent Fordant, Archives & Culture-SWIC, 1999.

moins de dix personnes contre 1,6 % par plus de cinq cents.

Les noms nouveaux sont étrangers : entre 1916 et 1940, les cinq patronymes de plus forte naissance parmi eux étaient Walczak, Kowalczyk, Wojcik, Kazmierczak et Papazian (quatre polonais et un arménien) ; entre 1941 et 1965, il s'agissait de Zeghoudi, Mezouar, Gasmi, Mokeddem, Laidouni (trois algériens et deux tunisiens) ; entre 1966 et 1990, ce sont Niakate, Yildiz, Aydin, Ozturk et Xiong (un guinéen ou soudanais, trois turcs et un chinois).

Bienvenue...

L'échelle de Richter est graduée de 1 à 9

Charles Francis Richter (1900-1985) est géophysicien et américain.

Professeur au Californian Institute of Technology, il met au point, en 1935, une échelle logarithmique permettant de mesurer la magnitude d'un séisme. Particularité : le nombre de ses barreaux n'est pas fixé. Elle est dite « ouverte ».

En réalité, cette échelle n'en est pas une : la mesure de la magnitude, calculée à partir du signal enregistré sur un sismographe, est une fonction continue, sans degré. Exemple d'expression correcte : « Tel tremblement de terre est de magnitude 7,2. » Point.

C'est une autre faute de dire que l'échelle est graduée de 1 à 9, même si la formule reflète une réalité : un séisme de magnitude supérieure à 9 paraît impossible. Le seul exemple connu à 9 est celui de 1755, à Lisbonne.

1 correspond à la magnitude d'un séisme qui, à cent kilomètres de l'épicentre, provoque un déplacement de 0,01 mm du balancier d'un sismographe ayant une

période de 0,8 s et amplifiant deux mille huit cents fois les mouvements du sol.

Un accroissement d'une unité de magnitude correspond à la multiplication par environ trente de la quantité d'énergie dégagée. Les secousses les plus faibles ressenties par l'homme sont de magnitude 3 ; celles qui détruisent des structures peu résistantes sont de 5 ; et elles deviennent très destructrices au-delà de 6. L'énergie d'un tremblement de terre de magnitude 8 est comparable à celle de mille deux cent cinquante bombes d'Hiroshima.

Au passage, évitons une autre erreur, capable de nous faire tomber de l'échelle : parler de « secousse sismique ». Le pléonasme est ravageur. Sismique vient du grec *seismos,* secousse. Du coup, secousse sismique signifie secousse secouante – ce qui est beaucoup pour un seul phénomène. Secousse se suffit à elle seule, ou alors disons « séisme », « tremblement de terre », « secousse tellurique ».

« Élémentaire, mon cher Watson » est la formule préférée de Sherlock Holmes

Si c'est le cas, le détective le cache bien.

Le *consulting detective*, né en 1854, au domaine de Mycroft, Yorkshire, sous la plume d'Arthur Conan Doyle, a beau être toxicomane, il se souviendrait de l'expression s'il l'avait prononcée.

Seulement voilà : il n'a jamais dit ça à son ami (et colocataire du 221 b, Baker Street, Marylebone, Londres) John Hamish Watson, médecin militaire.

Les acharnés de ce cher Sherlock ont fouillé partout : *Élémentaire, mon cher Watson* n'est prononcée nulle part dans les cinquante-six nouvelles et quatre romans – œuvre commencée, en 1887, avec *Une étude en rouge*, et qui s'achève, en 1927, avec les *Archives*.

Il faut dire « en Arles » et « en Avignon »

« À » et « en » sont des prépositions de lieu.

Leur utilisation devant les noms de villes, îles et pays obéissent à des règles qui ont de quoi perturber.

On emploie « à » devant un nom de ville commençant par n'importe quelle lettre, y compris le A : Alger, Arras, Athènes. Mais, par imitation de l'usage occitan ou dans un élan d'affectation, certains utilisent « en » pour deux villes : Arles et Avignon. Mais c'est vraiment pour faire le malin. Rien ne justifie ces deux exceptions...

On emploie « en » devant les noms féminins des grandes îles, proches ou lointaines : Australie, Corse, Crète, Irlande, Islande, Nouvelle-Guinée, Sardaigne, Sicile.

On emploie « à » devant les îles dont les noms ne sont pas précédés d'article, ou qui en exigent toujours : Belle-Île, Bornéo, Ceylan, Chypre, Corfou, Cuba, la Guadeloupe, Haïti, Ithaque, Java, Jersey, Madagascar, Malte, la Martinique, Oléron, Palma, Rhodes, Taiwan, Terre-Neuve, Timor, etc.

Particularité antillaise : on peut employer « en » devant Guadeloupe et Martinique. Logiquement « en » s'utilise pour parler de la grande – à l'échelle locale – île voisine.

Pour Ré et Elbe, la précision « île de » s'impose.

Pour les pays et régions, on emploie « en », sauf pour les masculins commençant par une consonne pour lesquels on emploie « au » : Canada, Danemark, Luxembourg, Portugal.

Pour les départements formés de deux termes coordonnés par « et », on emploie « en » – Saône-et-Loire – sauf pour ceux qui peuvent être construits avec « dans » – Loir-et-Cher.

« À » ou « en » bicyclette ? Les puristes plaident pour l'usage de « à », même si le langage courant se sert le plus souvent de « en » – sur le modèle de « en voiture ». Mais dans de telles expressions, « en » est mis pour « dans » – « en avion », « en bateau » – tandis que « à » est mis pour « sur » : à cheval, à moto, à bicyclette...

L'été indien précède celui de la Saint-Martin

Ils tombent pile-poil pareil !

L'été indien, ce sont les beaux jours du plein automne, tels que les connaissent les Américains du Nord. En France, on leur donne un autre nom, bien à nous : l'été de la Saint-Martin.

Au calendrier, Martin est fêté le 11 novembre, ou plutôt il l'était, jusqu'en 1919, où l'anniversaire de l'armistice l'a chassé.

Le retour du soleil sur les feuilles mortes ne devait rien alors aux Peaux-Rouges. Le saint partageur de manteau suffisait à notre bonheur. Et quand il eut ce geste charitable, un soir d'hiver du IVe siècle, sous les murs d'Amiens, il gelait à pierre fendre.

Mais qui donc est allé chercher l'été indien en Amérique ? Que les Québécois usent de cette expression devant les érables rougissant sous le soleil, que les Yankees apprécient l'*Indian summer* sur les rives du Potomac ou de l'Hudson River est légitime. Mais de leur côté de l'Atlantique.

Le chanteur Joe Dassin, nourri de cette culture, est sans doute pour beaucoup dans la popularité d'une expression utilisée un peu n'importe comment. Ainsi la plupart des dicos ont la météo fantaisiste, qui situent l'été indien en octobre, voire en été – un comble !

On ne va pas regretter d'avoir gagné la guerre en 1918, mais reconnaissons que la langue française a perdu une bataille en abandonnant l'été de la Saint-Martin.

« Et nous avons des nuits plus belles que vos jours » est un vers d'une tragédie de Racine

C'est bien un alexandrin, mais il ne se trouve dans aucune pièce.

Ces douze pieds apparaissent au milieu d'une lettre du jeune Racine à Nicolas Vitart (1624-1683), intendant du duc de Luynes, envoyée d'Uzès le 17 février 1662.

L'auteur est encore en devenir puisqu'il n'a, à cette date, que trois œuvres à son actif : en 1660, *L'Amasie*, tragédie refusée par la troupe du Marais, *La Nymphe de la Seine*, une poésie imprimée la même année, et, en 1661, *Théagène et Chariclée*, qu'on lui conseille d'abandonner !

Malade au cours de l'été, Jean, vingt-trois ans, est envoyé dans le Midi, chez son oncle Antoine Scornin, vicaire général.

Dans un courrier précédent, Racine se réjouissait de sa villégiature : *Pour les jours, ils y sont les plus beaux du monde.*

Deux mois plus tard, il commence ainsi sa lettre : *Je ne fais qu'arriver d'une lieue et demie d'ici, où j'étais allé promener ; car il est impossible de demeurer longtemps dans la chambre par le beau temps qu'il fait en ce pays. Les plus beaux jours que vous donne le printemps ne valent pas ceux que l'hiver nous laisse, et jamais le mois de mai ne vous paraît si agréable, que l'est ici le mois de janvier.*

Dans ce style, rien n'annonce les alexandrins qui vont faire de Racine le (plus) grand auteur dramatique français :

Je t'aimais inconstant, qu'aurais-je fait fidèle ?
Hermione, *Andromaque*

Commandez qu'on vous aime, et vous serez aimé.
Narcisse, *Britannicus*

Vous êtes empereur, seigneur, et vous pleurez !
Bérénice, *Bérénice*

Nourri dans le sérail, j'en connais les détours.
Acomat, *Bajazet*

Le jour n'est pas plus pur que le fond de mon cœur.
Hippolyte, *Phèdre*

C'était pendant l'horreur d'une profonde nuit.
Athalie, *Athalie*

Et pourtant, après ce premier paragraphe d'une grande platitude, Racine se lance dans ce qu'il appelle *une assez longue pause* en trente vers.

Les deux premiers sont :

Le soleil est toujours riant,
Depuis qu'il part de l'Orient

Et les deux derniers :

Le ciel est toujours clair tant que dure son cours,
Et nous avons des nuits plus belles que vos jours.

Un alexandrin des plus purs est ainsi offert, qui n'aurait sans doute jamais vu le jour si son auteur s'en était tenu à la météo. En effet, quelques lignes plus loin, Jean Racine lâche un aveu : *en relisant mes vers, je reconnais qu'il n'y en a pas un de vrai : il ne cesse de pleuvoir depuis trois jours, et l'on dirait que le temps a juré de me faire mentir. J'aurais autant de sujet de faire une description du mauvais temps, comme j'en ai fait une du beau ; mais j'ai peur que je ne m'engage encore si avant, que je ne puisse achever cette lettre que dans huit jours, auquel temps peut-être le ciel se sera remis au beau ; je n'aurais jamais fait.*

Par bonheur, donc, les impératifs postaux l'ont emporté, et l'alexandrin est demeuré.

« Les fêtes battent son plein » est préférable à « les fêtes battent leur plein »

On ne devrait pas en faire un tel battage, mais c'est un vrai piège linguistique.

« Son » est-il ici adjectif ou nom ?

La réponse est dans *Le Bon Usage*, la bible du bien parler du bon Grevisse. S'appuyant sur Littré, il écrit : *Le plein de la mer est le moment où la marée est arrivée à sa plus grande hauteur et « battre son plein » se dit de la marée qui, arrivée à son plus haut point, reste stationnaire quelque temps avant de redescendre. L'expression a passé dans l'usage général avec le sens figuré « être au plus haut point, être complet, entier ».*

Au pluriel, « son » devient donc tout naturellement « leur ». Il faut en profiter pour jeter un œil (qu'on ne se battra pas, cette fois) sur le *Dictionnaire des difficultés de la langue française : Contre toute vraisemblance, certains écrivent au pluriel « battent son plein » (« son » nom, et « son plein » opposé à « son creux »). C'est là une erreur que ne pourrait commettre quiconque a entendu parler du plein de la mer*[1].

Il y a pourtant de quoi se tromper avec toutes ces expressions qui prouvent que le Français a le rythme dans la peau : battre le tambour, la chamade, la breloque (tous instruments à percussion). Sans parler du fer qu'il faut battre pendant qu'il est chaud. Et le beurre que bat ma sœur...

1. Profitons-en pour rappeler que c'est le plus bas niveau des eaux qu'on appelle l'étiage, et non le plus haut.

Gadget est anglais d'origine

Un gadget est un truc inutile, et c'est un mot nomade.

Dans les années 1880, Gaget, Gauthier et Cie est une entreprise française qui travaille pour le chantier de la statue de la Liberté, que Gustave Eiffel construit pour les États-Unis. Émile Gaget, natif de Colmar et ami du sculpteur Frédéric-Auguste Bartholdi, est installé rue de Chazelles, près du parc Monceau. Son atelier de fonderie est chargé de l'assemblage par boulons des pièces de la charpente métallique.

Le travail achevé, le monument est expédié à New York. Dans la foulée, en commerçant avisé, M. Gaget coule des modèles réduits de la statue dans des moules, et les propose aux Américains, qui se les arrachent, les baptisant « gadget » – transcription de Gaget prononcé à l'américaine. Le mot revient en France dans les bagages de la vogue angliciste.

D'autres voudraient que l'origine fût « gâchette », appliquée à des mécanismes, ou « gagée », dans le sens d'outil.

« Budget », qui lui ressemble tant, a suivi le même parcours.

À l'origine, au Moyen-Âge, la « bougette » désigne un petit sac. Le mot s'expatrie chez les Grands-Bretons, qui l'adoptent en « budget » (prononcer « beudjette »), parce que, précisément, le sac est celui du trésorier. Atteint du mal du pays, le mot s'en revient dans sa terre natale.

GMT signifie « Greenwich Meridian Time »

Logique mais erroné.

Le « M » de GMT veut dire *Mean* (moyen en français).

La Terre est quadrillée de parallèles[1], qui marquent les latitudes, comptées en degrés, minutes et secondes d'angle. Comme leur nom l'indique, ils sont parallèles à l'Équateur.

Et puis, il y a les méridiens : vingt-quatre grands cercles, perpendiculaires aux parallèles. Passant par les deux pôles, ils divisent la Terre comme les quartiers partagent une orange. Ils marquent les longitudes, comptées en heures, minutes et secondes de temps, vers l'ouest ou vers l'est.

Les méridiens sont la référence pour le compte du temps et la mesure de l'espace.

1. Dans cette acception, le mot est masculin. Il est féminin quand il désigne la ligne géométrique.

Ce sont deux astronomes français, Jean-Baptiste Joseph Delambre et Pierre Méchain, qui sont chargés, en 1792, de mesurer le premier, de Dunkerque à Barcelone – calcul commencé par Cassini au début du XVIIIe siècle. On parle alors de « méridienne », la méridienne de France. Elle traverse le pays en passant par le centre de l'actuel Observatoire de Paris. C'est le « méridien origine ». Le mètre est défini sur lui, et représente la dix millionième partie de son quart (voir à « Mètre »).

1884 est une sale année pour l'orgueil national. En effet, les Anglais profitent traîtreusement de leur domination sur les mers du globe pour que ledit méridien glisse de Paris à Greenwich, banlieue de Londres, sur la rive droite de la Tamise, à 2 h, 20 min et 14 s à l'ouest du méridien de Paris.

Ainsi naît le Greenwich Mean Time (GMT), compté à partir de midi, soit décalé de douze heures par rapport au temps universel coordonné (UTC) compté à partir de minuit.

Depuis 1675, à la demande du roi Charles II, un observatoire maritime est installé dans cette localité. Il sert à améliorer la navigation d'une nation toute-puissante sur les mers du monde. La précision de la mesure du temps s'est avérée essentielle au développement des chemins de fer, au milieu du XIXe siècle.

Le méridien de Greenwich, comme celui de Paris et les vingt-deux autres, mesure quarante mille kilomètres.

Une année commence officiellement – et à la nanoseconde près – quand, à Greenwich, le 1er janvier, il est zéro heure, zéro minute, zéro seconde.

Grigri est un mot africain

Il y a bien les objets trouvés. Voici les mots perdus.

On les prétend « d'origine inconnue ». Celle de grigri est aussi mystérieuse (sûrement pas africaine) que ces quelques dizaines d'autres : amphigouri, anaconda, badigeon, bahut, baudruche, bigoudi, boui-boui, cambouis, caniveau, claque, cloporte, cochon, colibri, complot, crapette, galimatias, gigolo, gougnafier, môme, narquois, pantoufle, rafiot, ragondin, rigoler, ringard, rouflaquette, salsifis, scaferlati, simagrée, sobriquet, tarabiscot, thune, trafic, trouille, turlutte, vite, zigouiller...

Personne n'est jamais venu les réclamer pour les réintégrer dans sa langue. Bienvenue aux apatrides !

Le « h » de Ghislaine ne sert à rien

Il n'est pas si fréquent en français que des lettres ne fassent que de la figuration.

Examinons les noms propres.

Dans le cas de Ghislaine, le « h » durcit le « g » comme dans « ghetto ».

Certains noms ont une prononciation différente de leur graphie : Broglie se dit « breuil », Guise « gu-ise », Joachim « joaquin », Retz « rè », Watteau « vatteau », Enghien « angain ».

Montpellier devrait se prononcer « pél » et non « peul ». Saint-Ouen se prononce « ouin » pour la commune de Seine-Saint-Denis et « ouan » pour l'église de Rouen.

La prononciation du « x » pose particulièrement problème : Aix « Aiks », Auxerre « Ausserre », Bruxelles « Brusselle », Cadix « Kadiss », Xérès « Kéress ». Le « x » est muet dans Chamonix, Foix, et Oyonnax.

Le « z » est muet dans Avoriaz, La Clusaz, Saint-Tropez et Ramuz.

Marcq-en-Barœul ne se dit pas « en-Bareuil » mais « en-Bareul ».

Pour les noms étrangers, il est aussi légitime de choisir la prononciation d'origine que la francisation. Gare à l'exotisme de pacotille ou aux hybridations – *aussi traîtresses à leurs sources qu'incongrues en français*, selon la formule de *La Lettre du CSA !*

Michel se dit Mikhail (mira-il) en russe, Michael (mika-el) en allemand, Michael (maille-keul) en anglais. Michel(-Ange), italien, se prononce « Mikel ».

Peter se dit « piteur » en anglais et « pétèr » en allemand. Walter se dit « oualtèr » en anglais et « valtèr » en allemand. L'allemand Bach se dit « bak » et non pas « Barr ».

On prononce Birmingham « beure-miniam », Leicester « lesteur » et Wimbledon « wimbeuldonn ».

Pour l'anglais, on francise Edward en Édouard, Elizabeth II en Élisabeth, William (le Conquérant) en Guillaume, mais George V ne devient pas Georges, ni William – apprenti roi et fils de Charles et de lady Diana – Guillaume.

Pour l'espagnol, on francise Charles 1er (Quint), II, III, IV – et non pas Carlos, mais on ne francise pas Juan Carlos, roi, en Jean-Charles. Dans Miguel, comme en français, le « u » ne se prononce pas derrière le « g ». Et *patio* se prononce avec le son « t » et non « s ».

Enfin, si l'on ne veut pas céder à l'anglicisme partout, on dit Arabie Séoudite, et non Saoudite.

L'Hexagone ne peut avoir que six côtés

La France a six côtés.

Si la métaphore géométrique s'impose naturellement, l'image de l'hexagone pour qualifier la Métropole est assez récente. C'est Charles de Gaulle qui l'inaugure, en 1934. Les gros bataillons lui ont, depuis, emboîté le pas.

Régulièrement, on entend cette apparente sottise : « les quatre coins de l'Hexagone ». Si c'est bien à cette figure géométrique que le pays ressemble, la logique veut que l'on dise « les six coins ». Si la France s'inscrivait dans un carré, cela se saurait.

Or certains spécialistes de la rhétorique ne s'embarrassent pas de tels détails. Que disent-ils ? Un hexagone, un banal polygone de série, a effectivement six côtés. C'est incontestable. Mais l'Hexagone, avec H majuscule, quand il représente la France, a le droit d'avoir autant de côtés qu'il veut. C'est une image, une métaphore, une allégorie.

Réfléchissez : quand on « brûle de désir », il n'y a pas de flamme ; quand on « embrasse une carrière », il n'y a rien de sentimental ; quand on « rase les murs », on ne pense pas à son barbier. Alors si l'Hexagone, avec un grand H, veut avoir quatre côtés, ou treize ou quatre-vingt-dix-sept, ça le regarde !

La formule, répondent les puristes, reste idiote. Mieux vaut l'éviter. Ne serait-ce que pour ne pas sombrer dans le ridicule.

Idem pour le globe. Vous pouvez le regarder sous toutes les coutures (c'est une image !), même quand la planète ne tourne pas rond, un globe est aussi sphérique qu'une boule de billard. À bas donc « les quatre coins du globe » !

Admettons. Sauf à arrondir les angles. Bien entendu...

L'humanité a fait un pas de géant sur la Lune avec Armstrong

Pas littéralement.

Il est 3 h 56 (heure de Paris), le 21 juillet 1969, quand Neil Armstrong pose le pied sur la Lune.

Le rêve de Tintin (et de quelques autres !) est réalisé.

La fusée Saturne V, qui l'a emmené, a quitté Cap Kennedy, le 16 juillet, à 8 h 32 (locales). Michael Collins reste à bord du module de commande en orbite autour du satellite de la Terre, tandis que Neil Armstrong et Edwin « Buzz » Aldrin prennent place à bord du LEM, le module lunaire baptisé « Eagle », le 20, à 19 h 11 (Paris). Deux heures plus tard, il se pose sur la mer de la Sérénité.

À 3 h 39 (doit-on dire le lendemain ?), Armstrong ouvre la porte. Il descend les échelons. Il s'adresse au centre de Houston : *Je suis au pied de l'échelle. Les extrémités des jambes du LEM sont juste un peu enfoncées sous la surface de deux à cinq centimètres, bien que cette surface ait l'air d'avoir un grain très fin, quand on s'en approche. On dirait une poudre. C'est très fin* (Pause). *Je vais maintenant quitter le LEM.* (Longue pause).

Tout est fin prêt pour la phrase historique de l'Américain : *That's one small step for man ; one giant leap for mankind.* « C'est un petit pas pour l'homme ; un bond de géant pour l'humanité. »

Non seulement l'astronaute ne parle pas de « pas de géant », mais il y a erreur sur ses intentions. Il le révèle plus tard : c'est « one small step for *a* man » qu'il voulait dire, soit « un petit pas pour *un* homme ».

Quatre heures plus tard, les deux hommes réintègrent le LEM. Ils sont alourdis de vingt-deux kilos de pierres et de poussière de Lune. Armstrong, lui, est allégé d'une phrase historique.

Si l'envie vous prend d'aller vérifier l'empreinte de son pied sur la Lune, voici l'adresse : 0° 4' 5 » de latitude nord, 23° 12' 20 » de longitude est.

Les impôts, ça se déclare

Surtout pas !

C'est une hypallage. Une formule fautive qui attribue à certains mots d'une phrase ce qui convient à d'autres.

Déclarez vos intentions, votre amour, mais pas ce que vous payez au fisc. Ce sont les revenus qui se déclarent. Si l'on tient vraiment à l'expression « déclaration d'impôts », il faut la réserver à l'aimable courrier du service des impôts qui vous écrit pour vous annoncer la facture – le trésorier, ce trésor, préférant parler d'« avis ».

Il existe bien d'autres hypallages remarquables :

Enfoncer son chapeau dans sa tête (sa tête dans son chapeau).
Un journaliste économique, sportif (chargé de l'économie, du sport).
La liberté des prix (des commerçants).
Rendre quelqu'un à la vie (rendre la vie à quelqu'un).
Réussir un examen (réussir à un examen ; c'est le professeur qui examine, pas le candidat).
Soigner une maladie (un malade).
Une place assise (une place pour s'asseoir).

Des biens spoliés à des propriétaires (des propriétaires spoliés de leurs biens).

De grands auteurs s'y sont frottés et trompé :
Nicolas Boileau : *Trahissant la vertu sur un papier coupable.*
Victor Hugo : *Ce marchand accoudé sur son comptoir avide.*

Dans le même genre, l'amphibologie (ambiguïté que présente une proposition) vaut d'être signalée.

Les magistrats jugent les adultes coupables.
Le secrétaire est dans le bureau.
Jules aime Jeanne autant que Jim.
Je ne suis pas le dernier des cons.
Les députés discutent des agressions sexuelles contre des mineurs au Palais-Bourbon. Il y est aussi question des agressions des femmes.

Bizarrerie inexplicable : les quatre phrases suivantes contiennent un pronom « il » qui peut désigner « Armand », sauf une. Laquelle ?

1) Armand parlait quand il entra ;
2) Quand il entra, Armand parlait ;
3) Quand Armand entra, il parlait ;
4) Il parlait quand Armand entra...

La réponse est la phrase n° 4. Et les linguistes sont incapables d'expliquer cette impossibilité.

Évitons, enfin, de demander des nouvelles d'un rhume (s'il va bien, c'est que celui qui l'a va mal !) ou de prôner des dons pour le cancer comme pour le sida (contre est préférable !).

Jésus est né en l'an 0

Soit. Il n'y a pas d'année zéro ? Alors disons que le Christ est né entre 1 avant J.-C. et 1 après J.-C.

Eh bien, même ça, c'est faux !

Nous ne sommes pas en l'an que nous affichons. À la venue au monde du Messie, personne n'a remis les compteurs à zéro pour dire : nous sommes désormais en l'an 1.

L'ère chrétienne est définie au IVe siècle par un moine scythe, Denys le Petit, qui se lance dans des calculs tellement savants qu'il se met le calendrier dans l'œil. En effet, il date de l'année 754 de l'ère romaine la naissance du petit Jésus. Mais en 754, Hérode est déjà mort et enterré. Or Jésus-Christ est bien arrivé avant le décès du roi de Judée – les Évangiles sont là-dessus formels.

Il faut donc reprendre les tablettes, refaire les calculs et reconnaître – contre toute logique – que Jésus-Christ est né en 4 avant J.-C. À moins que ce soit en 6, ou en 7.

Et pendant que nous en sommes à bousculer les mythes fondateurs, précisons que la scène de la Nativité, dans la crèche, n'a pas eu lieu le 25 décembre. C'est au IIIe siècle que l'apologiste Clément d'Alexandrie a l'idée de faire coïncider la fête païenne du solstice d'hiver avec l'arrivée du Divin Enfant.

Une seule chose est certifiée : chaque jour qui passe nous rapproche du troisième millénaire. C'est toujours ça de sauvé !

Et encore ! Ne nous arrêtons pas en si bon chemin. Parler de l'an 2000, date anniversaire pour la planète, c'est faire fi d'au moins la moitié de l'humanité.

L'an 2000 de l'ère chrétienne correspond pour les francs-maçons à l'an 6000, pour les juifs à 5760, pour les Chinois à 4698, pour les bouddhistes à 2544, pour les hindous à 1347, pour les musulmans à 1377 de l'hégire.

Si la France était encore régie par le calendrier républicain, le 1er janvier 2000 serait le 10 nivôse de l'année 208 !

« Kinésithérapeute » et « cinématographe » n'ont aucun rapport entre eux

En grec, *kinésis*, qui signifie mouvement, commence par la consonne *kappa*. Logiquement, le mot mène à kinésithérapeute... mais aussi à cinéma.

Autre cas particulier : ils n'ont pour toute ressemblance que le même nombre de lettres. Et pourtant, étymologiquement, il s'agit du même mot : crypte et grotte. Tous deux viennent du grec *kruptê*, souterrain, via le latin *crypta*, caveau souterrain.

Le Kremlin-Bicêtre est un nom franco-russe

Non, c'est un nom russo-anglais.

Le village tire son nom double d'un cabaret – *Au Sergent du Kremlin* – et de Charles de Pontoise, évêque de Winchester, dont le nom s'est transformé en Vicestre, puis Bicêtre.

La Légion d'honneur se réclame

Que ne ferait-on pour arborer le liseré rouge à la boutonnière ?

L'ordre de la Légion d'honneur est créé en 1802 par Bonaparte, alors Premier consul, pour récompenser les services militaires et civils rendus à la France.

Certains font des pieds et des mains pour l'obtenir, mais c'est une idée fausse que de croire qu'on la doive demander. Il n'est toutefois pas interdit de souffler à quelqu'un haut placé de suggérer votre nom à qui de droit.

L'attribution passe par un ministre, chaque ministère disposant d'un contingent de médailles. Le Conseil de l'Ordre examine les propositions et décide en fonction de « l'existence de mérites éminents ». Le futur décoré voit son nom imprimé dans le *Journal officiel*, à l'occasion des trois promotions annuelles (1er janvier, Pâques, 14 juillet). Il est de bon ton, alors, de feindre l'étonnement[1].

1. Au *Canard enchaîné*, une règle non écrite veut que non seulement on n'ait pas la Légion d'honneur, mais qu'on n'ait rien fait non plus pour la mériter !

Mais ce n'est pas fini : le futur épinglé doit, pour être admis, écrire à la Chancellerie pour désigner son parrain. Seule obligation : que celui qui la remet soit lui-même légionnaire. Il a alors le droit de prononcer la formule magique : « Au nom du président de la République, et en vertu des pouvoirs qui nous sont conférés, nous vous faisons chevalier de la Légion d'honneur. »

Le chevalier à titre militaire touche un traitement de quarante francs par an.

Les autres gagnent à être connus.

À la fin du XXe siècle, on compte cent quinze mille membres vivants.

Lucrèce Borgia n'a pas de morale

Ce n'est pas celle que vous croyez.

Même si elle a une lourde hérédité, à cause de sa famille d'empoisonneurs, de fourbes et de cruels, Lucrèce Borgia (1480-1519) est extrêmement fréquentable.

Elle est la fille du cardinal Rodrigo Borgia et de Vannozza Cattanei ; sœur de César, Juan et Jofre ; fiancée (à onze ans) à Chérubin de Centelles, et simultanément à Gaspare de Procida ; mariée (à treize ans) à Giovanni Sforza ; maîtresse de Perotto, que César tue ; mère d'un bâtard, Giovanni, qui lui est retiré et connu sous le nom d'« Infant romain » ; mariée à Alonso d'Aragon, que César tue ; mère de Rodrigo de Bisceglie ; mariée à Alfonse d'Este ; mère d'Hercule, d'Hippolyte, d'Éleonore et de Francesco.

Lucrèce Borgia est belle, protectrice des arts, des lettres et des sciences. Quinze ans après sa mort, Guicciardini (Guichardin), dans son *Histoire d'Italie*, accrédite pour la postérité des accusations d'inceste : *Alexandre VI était fort sensuel, il entretenait publiquement des femmes et il dépassa toute mesure, à tel point que l'opinion commune jugea qu'il connut Madame Lucrèce, sa propre fille, envers laquelle il eut un amour tendre et sans borne. Le bruit courait qu'elle avait aussi ses trois frères pour amants.*

Mais surtout, Lucrèce Borgia est l'héroïne du drame en prose (1833), du même nom, de Victor Hugo. Il l'imagine synthèse de toutes les vilenies du monde : amante incestueuse, meurtrière multiple, immonde empoisonneuse.

Prenez la difformité morale la plus hideuse, la plus repoussante, la plus complète ; placez-la où elle ressort le mieux, dans le cœur d'une femme, avec toutes les conditions de beauté physique et de grandeur royale, qui donnent de la saillie au crime ; et maintenant, mêlez à toute cette difformité morale un sentiment pur, le plus pur que la femme puisse éprouver, le sentiment maternel ; dans votre monstre mettez une mère ; et le monstre intéressera, et le monstre fera pleurer, et cette âme difforme deviendra presque belle à vos yeux. [...] *La maternité purifiant la difformité morale, voilà Lucrèce Borgia.*

C'est à propos de ces accusations que Charles-Maurice de Talleyrand-Périgord lancera son célèbre aphorisme : *Tout ce qui est exagéré est insignifiant.*

Le lis est la fleur emblème des rois de France

Non, enfin, pas tout à fait. Pas seulement...

Le lis (ou lys) est avant tout symbole de pureté et de chasteté. À ce titre, la fleur végétale est un attribut de la Vierge.

Les Capétiens l'adoptent en raison de ses connotations religieuses et royales. Sans elles, ils auraient sans doute choisi un animal, comme presque tous les autres souverains et dynastes d'Europe.

La légende veut que la fleur de lis ait été donnée par Dieu à Clotilde, en récompense de ses mérites, et qu'elle en ait fait don à Clovis pour l'aider dans sa lutte contre les Alamans. On peut n'y voir qu'une fable.

En tout cas, représentée en héraldique à partir du XIIIe siècle, la « fleur de lis » n'a aucun rapport avec le végétal, auquel, d'ailleurs, elle ne ressemble en rien. D'autant plus que la vraie fleur de lis figure dans l'héraldique sous le nom de caïeu.

L'emblème des rois de France est plus proche de l'iris, d'un oiseau, ou d'un symbole d'origine celtique ressemblant à une ancre.

Machiavel est un perfide

Voilà un homme victime de sa réputation.

Niccolo Machiavelli (1469-1527) est florentin.

Homme politique, écrivain, philosophe, il est l'auteur du *Prince*, du *Discours sur la première décade de Tite-Live*, de *L'Art de la guerre* et de *La Mandragore*.

Sa doctrine politique est aujourd'hui, à tort, l'expression du principe : « La fin justifie les moyens. » L'homme passe pour un dirigeant rusé, niant toute morale.

De Principatibus (« Des principautés ») est le titre original du *Prince* (1513), nom donné par l'éditeur français de la traduction. L'ouvrage est dédié à Laurent de Médicis, dit le Magnifique, qui – la même année – prend la tête du gouvernement de Florence. C'est l'enseignement prodigué à un prince afin qu'il puisse gouverner et conserver le domaine dont il a hérité, ou qu'il a conquis. Pour ne pas s'en faire déposséder, il doit savoir s'appuyer sur la force, et sur les apparences.

Chapitre XVIII, *Comment les princes doivent tenir leur parole*

Chacun entend assez qu'il est fort louable à un prince de tenir sa parole et de vivre en intégrité, sans ruses ni tromperies. Néanmoins on voit par expérience que les princes qui, de notre temps, ont fait de grandes choses n'ont pas tenu grand compte de leur parole, qu'ils ont su par ruse circonvenir l'esprit des hommes, et qu'à la fin ils ont surpassé ceux qui se sont fondés sur la loyauté.

Il faut donc savoir qu'il y a deux manières de combattre, l'une par les lois, l'autre par la force : la première est propre aux hommes, la seconde aux bêtes ; mais comme la première bien souvent ne suffit pas, il faut recourir à la seconde. Ce pourquoi il est nécessaire au prince de savoir bien pratiquer et la bête et l'homme. Cette règle fut enseignée aux princes en paroles voilées par les anciens auteurs qui disent que l'on confia Achille et plusieurs autres de ces grands seigneurs du temps passé au centaure Chiron pour qu'il les élève sous sa discipline. Ce qui ne signifie autre chose, d'avoir ainsi pour gouverneur une demi-bête et un demi-homme, sinon qu'il faut qu'un prince sache user de l'une ou de l'autre nature, et que l'une sans l'autre n'est pas durable.

Si donc un prince doit savoir bien user de la bête, il doit choisir le renard et le lion, car le lion ne peut se défendre des filets, le renard des loups ; il faut donc être renard pour connaître les filets, et lion pour faire peur aux loups. Ceux qui veulent seulement faire les lions n'y entendent rien. Partant, un seigneur avisé ne peut tenir sa parole quand cela se retournerait contre lui et quand les causes qui l'ont conduit à promettre ont disparu. D'autant que si les hommes étaient tous gens de bien, mon précepte serait nul, mais comme ils sont méchants et qu'ils ne te tiendraient pas parole, etiam tu n'as pas à la tenir toi-même. Et jamais un prince n'a manqué d'excuses légitimes pour colorer son manque de parole ; on pourrait en alléguer d'infinis exemples du temps présent, montrant combien de paix, combien de promesses ont été faites en vain et réduites à néant par l'infidélité des princes, et que celui qui a mieux su faire le renard s'en est toujours le mieux trouvé. Mais il faut savoir bien colorer cette nature, être grand simulateur et dissimulateur ; et les hommes sont si simples et obéissent si bien aux nécessités présentes, que celui qui trompe trouvera toujours quelqu'un qui se laissera tromper.

Cette politique a donné « machiavélisme », qui, par réduction du sens, désigne une tromperie déloyale et perfide.

Entre Marathon et Athènes, il y a 42 km 195

Peut-être, mais ce n'est pas en Grèce qu'a été définie la mesure de la plus longue course d'athlétisme.

En 490 avant J.-C., pendant la première guerre médique, le général athénien et stratège Miltiade gagne à Marathon une bataille contre les Perses de Darius 1er.

Après avoir pris l'Eubée, les envahisseurs débarquent à Marathon, en Attique. Ils ont six mille fantassins et huit cents cavaliers, plus des hommes non armés. Les Athéniens accourent par le chemin de Kifissia. Ils ont neuf mille hoplites – paysans propriétaires – renforcés de mille Platéens, sous les ordres du polémarque Callimaque et des dix stratèges – dont Aristide et Miltiade, ce dernier ayant le commandement en chef.

Les deux armées se font face. Au bout de huit jours, les Perses, commandés par Datis et Artapherne, jugent l'endroit peu favorable et lèvent le camp pour atteindre le Pirée par mer. Alors que les Perses sont en train de réembarquer, les hoplites les attaquent.

Les Perses voyant leurs adversaires charger à la course attendirent le choc. À leur petit nombre, à leur manière d'attaquer en courant, ils les jugèrent atteints d'une folie qui allait en un clin d'œil les perdre. [...] *Mais aux deux ailes Athéniens et Platéens eurent le dessus, ils mirent en déroute les corps qui leur étaient opposés, puis, s'étant rejoints, se tournèrent contre ceux qui avaient enfoncé leur centre. La victoire des Athéniens fut complète.* Hérodote, *Histoires*, VI, 113.

Les vainqueurs déplorent cent quatre-vingt-douze tués, les vaincus des milliers et la perte de sept vaisseaux.

Un coureur, Phidippidès, est dépêché à Athènes – distante d'une quarantaine de kilomètres – pour annoncer l'issue favorable du combat. Selon la légende, il a à peine le temps de s'écrier : « Réjouissez-vous, nous sommes vainqueurs », qu'il meurt d'épuisement sur l'Acropole.

Disputé sur route, le marathon des Temps modernes est conçu par le philologue français Michel Bréal. Dans une lettre du 15 septembre 1894 au baron Pierre de Coubertin, il suggère : *Puisque vous allez à Athènes, voyez si l'on peut organiser une course* [...]. *Si nous savions le temps qu'a mis le guerrier grec, nous pourrions établir le record. Je réclamerais pour ma part l'honneur d'offrir la coupe de Marathon.*

En 1896, lors de la première olympie à Athènes, le marathon, une quarantaine de kilomètres entre Marathon et le stade olympique de marbre blanc Panathéen, est gagné par un Grec, Spiridon Louys, porteur d'eau à Maroussi (la légende olympique en fait un berger). Il parcourt la distance en deux heures, cinquante-huit minutes et cinquante secondes. Huit coureurs sont à l'arrivée sur seize au départ.

La distance actuelle – quarante-deux kilomètres cent quatre-vingt-quinze mètres – est celle qui sépare la loge royale du château de Windsor du stade olympique de Londres, à Shepherd's Bush – vingt-six miles et trois cent quatre-vingt-cinq yards –, respectivement lieux de départ et d'arrivée de l'édition de 1908.

Cette année-là, le titre est décerné à l'Américain Joseph Hayes, vainqueur officiel en deux heures, cinquante-cinq minutes, dix-huit secondes, qui pourtant arrive derrière Dorando Pietri, un mètre cinquante-neuf, pâtissier à Capri. Victime d'une défaillance, ce dernier chute à cinq reprises dans les soixante-dix derniers mètres. Relevé à chaque fois par des mains bienfaitrices – dont celles de sir Arthur Conan Doyle –, il sera disqualifié en raison de cette aide, au grand dam du public qui l'ovationne.

On apprendra plus tard qu'il s'était dopé, mêlant atropine et strychnine à ses spaghettis.

Médard est un saint qui fait pleuvoir

Médard est le saint patron des agriculteurs, grand faiseur de pluie devant l'Éternel : *Quand il pleut à la Saint-Médard, il pleut quarante jours plus tard.*

À dix ans, le petit Médard rencontre un pauvre paysan qui se lamente d'avoir perdu son cheval. L'enfant court en chercher un à l'écurie du château familial. Lorsque le seigneur Nector, le papa, découvre qu'un dada manque à l'appel, il part à sa recherche. Mais la pluie se met à tomber, drue, et il doit rentrer à la maison.

Le gamin, lui, reste dehors, mais la pluie ne le mouille pas. Nector et sa dame, Protagia, comprennent que le ciel approuve leur rejeton, et ils laissent au manant son cheval. C'est à la suite de cette histoire que Médard, à son arrivée au Paradis, se voit préposé à la pluie. Depuis, dès qu'une averse interrompt les travaux champêtres, les paysans disent : *Cré vingt guieu ! c'est encore saint Médard qui abreuve ses poulains !*

Nul n'accorde à cette histoire le moindre crédit. Mais elle est plus jolie que la fiche du dictionnaire : *Médard, né à Salency, vers 456 ; évêque ; mort à Tournai, vers*

545. L'ennui, avec la vérité, c'est qu'elle est parfois bien terne. Comme un jour sans pluie...

Médard, l'ecclésiastique – alors évêque de Noyon –, est, par ailleurs, l'inventeur de la « rosière ». C'est lui qui décide de remettre chaque année, à la jeune fille de son diocèse la plus vertueuse, une somme de vingt-cinq livres et un chapeau ou une couronne de roses.

La première demoiselle récompensée ne fut autre, en 525, que sa sœur.

La mémoire aime commémorer les anniversaires

Le respect du passé a des limites !

« Commémorer un anniversaire » est plus qu'une maladresse, c'est une faute, un pléonasme, c'est-à-dire une répétition inutile.

« Commémorer » veut dire très exactement « rappeler le souvenir par une cérémonie ». N'y retrouve-t-on pas le mot « mémoire » ? La forme appropriée est donc « commémorer un événement ». Pour l'anniversaire, préférer « célébrer ».

Notre langue usuelle compte des dizaines de pléonasmes – d'« aboutissement final » à « consensus général », d'« enfin pour terminer » à « descendre en bas », de « grotte souterraine » à « panacée universelle », de « petit opuscule » à « prévoir l'avenir », de « constellé d'étoiles » à « dépenses somptuaires », de « gai luron » à « milieu ambiant », de « revolver à barillet » à « vieillard sénile »...

Certes, « aujourd'hui » est un pléonasme entré dans

les mœurs, et « applaudir des deux mains » est admis (encouragé même par les artistes). N'empêche. Une faute est une faute. Ou tout cela n'est que paroles verbales !

Le mètre est calculé sur le méridien terrestre

Ce n'est plus vrai.

Il faut avoir l'œil. Le mot « mètre » est inventé en 1790 par le maître de mathématiques Auguste-Savinien Leblond à partir du mot grec *metron*, mesure.

L'année suivante, l'Assemblée constituante décrète que l'unité réelle de longueur du nouveau système de mesure sera *le quart de méridien terrestre.*

On choisit cette partie, qui va du pôle à l'équateur parce qu'elle est interceptée par l'angle de quatre-vingt-dix degrés, considéré comme angle unité, angle naturel. Vu les difficultés (voire l'impossibilité en mer, par exemple), c'est seulement un arc de ce quart de méridien qu'on a pu mesurer. Les astronomes métreurs sont Jean-Baptiste Delambre et Pierre Méchain, qui travaillent, entre Dunkerque et Barcelone, selon le procédé de triangulation (voir GMT).

L'unité usuelle est le mètre, *mesure de longueur égale à la dix-millionième partie de l'arc de méridien terrestre compris entre le pôle boréal et l'équateur* – une longueur proche de celle des *cannes que les citoyens aiment porter.*

Pour que les Français s'y habituent, en 1795, on installe à Paris seize mètres étalons sous forme de plaques de marbre avec deux talons en bronze[1]. Ils sont placés *dans les lieux les plus fréquentés de Paris, quelques monuments peu considérables, sur la base desquels sera fixé ou simplement tracé un mètre. Les endroits doivent être assez apparents pour attirer la curiosité et assez solides pour résister aux injures de l'air et aux atteintes de la malveillance.* Ainsi s'exprime la République naissante, issue de la Révolution de 1789, en créant, le 18 germinal an III (7 avril 1795) le système métrique destiné à uniformiser les mesures.

Le système métrique est couplé avec le système décimal, invention du commerçant belge Simon Steven, développée dans son opuscule *Le Dixième*, en 1608. Ainsi, le mètre incarne une mesure universelle[2], invariable, qui puise sa source dans la nature, scientifique, car reproductible en tout point du globe, et rationnelle.

1. Il en reste quatre vestiges à Paris et dans sa région : l'un est scellé sur un mur des communs du Petit-Luxembourg, au numéro 36 de la rue de Vaugirard. Un autre se trouve au numéro 13 de la place Vendôme, à gauche de l'entrée du ministère de la Justice. Un troisième est à Sceaux, réinstallé après récupération, de même que le dernier, à Croissy-sur-Seine.

2. Le monde entier s'est rallié au système métrique, à l'exception de rares pays comme la Birmanie et le Liberia. Parfois il coexiste avec les anciens systèmes de mesure. Ainsi la Grande-Bretagne et les États-Unis l'ont adopté à la fin du XIXe siècle, le rendant légal mais non obligatoire. Les Américains continuent à mesurer en *foot* (de trente à quarante-huit centimètres) et en *mile* (mille six cent neuf mètres), comme ils pèsent en *pound* (quatre cent cinquante-trois grammes) et mesurent les liquides en *gallon* (trois litres, soixante-dix-huit centilitres) et *bushel* (trente-cinq litres, vingt-quatre centilitres).

En 1799, le mètre est matérialisé par la distance entre les faces extrêmes d'une règle en platine aggloméré de section rectangulaire. La longueur de cette règle reproduit aussi fidèlement que possible la dix millionième partie du quart du méridien terrestre.

L'étalon matériel est ensuite modifié. Sa précision est améliorée par l'emploi du platine iridié. Sa section est en « X » plutôt que rectangulaire et, au lieu d'être « à bouts », l'étalon est « à traits ».

Le mètre étalon en platine iridié est conservé au pavillon de Breteuil, à Sèvres. Le métal choisi est considéré comme le moins dilatable par la chaleur et le moins condensable par le froid. Réalisée par l'orfèvre Janéty, la règle repose sur un coussin de soie, dans une armoire de fer.

À la fin du XIXe siècle, puis en 1927, le mètre est défini par la distance à 0° C des axes de deux traits gravés sur le prototype de Sèvres.

Au XXe siècle, il apparaît nécessaire que l'étalon de longueur doive être recherché dans une longueur d'onde lumineuse, et non dans les dimensions d'un objet matériel dont la stabilité ne peut être garantie absolument.

En 1960, les physiciens proposent, pour définir le mètre, d'utiliser la raie orangée émise par l'atome de krypton 86 : *la longueur égale à 1 650 763, 73 longueurs d'onde dans le vide de la radiation correspondant à la transition entre les niveaux 2p10 et 5d5 de l'atome de krypton 86.*

En 1983, la Conférence générale des poids décide de relier la définition du mètre à une constante de la physique qui ne changera pas de sitôt : la vitesse de la lumière. *La longueur du trajet parcouru dans le vide par la lumière en 1/299 792 458 de seconde.*

« Métro, boulot, dodo » est un slogan créé en Mai 68

Belle paronomase, la formule n'est qu'une adaptation, pendant le mois fou, de la fin d'un poème de Pierre Béarn, *Couleur d'usine*, paru chez Séghers en... 1951 :

Au déboulé garçon pointe ton numéro
Pour gagner ainsi le salaire
D'un morne jour utilitaire
Métro, boulot, bistro, mégots, dodo, zéro.

Plus tard, l'auteur racontera qu'au théâtre de l'Odéon occupé, en 1968, il s'est fait huer pour avoir déclaré que les ouvriers ne soutiendraient pas des gosses de riches. À la suite de cette intervention, le poète marocain Mohammed Khaïr-Eddine va le voir dans sa librairie, rue Monsieur-le-Prince, pour trouver un texte capable de convaincre les ouvriers de Renault de rejoindre le mouvement. Pierre Béarn lui propose son propre poème qui, distribué dans la foule, est repris en slogan et sur les murs.

Molière est mort sur scène

C'est le rêve de tout comédien que de connaître une telle fin.

À condition qu'elle survienne le plus tard possible.

Seulement Molière est décédé dans son lit.

Grand ennemi des médecins, il considère qu'il n'y a rien d'autre à tenter devant la maladie que d'accorder sa confiance à la nature qui, *d'elle-même, quand nous la laissons faire, se tire doucement du désordre où elle est tombée.*

Il meurt chez lui, 40, rue de Richelieu, le 17 février 1673, vers vingt-deux heures, après la quatrième représentation du *Malade imaginaire.* Devant la mort, Jean-Baptiste Poquelin envoie par trois fois chercher un prêtre, pas un médecin.

La mort devant son public n'est pas la seule légende qui le concerne.

Par exemple, sa seconde femme, Armande Béjart, est-elle la fille qu'il a eue avec sa maîtresse Madeleine ?

Même l'adresse de sa maison natale est sujet de discussion.

Au 31 de la rue du Pont-Neuf, une inscription dans la pierre affirme : « J.-B. Poquelin de Molière – Cette maison a été bâtie sur l'emplacement de celle où il naquit en 1620 ».

Au 94 de la rue Saint-Honoré, une autre inscription dans la pierre affirme : « Cette maison a été construite sur l'emplacement de celle où est né Molière, le 15 janvier 1622 ».

Deux maisons et deux années différentes (la bonne, c'est 1622 !).

Le plus drôle, c'est que « la maison de Molière » n'est aucune des deux, mais le surnom d'une troisième, la Comédie-Française, à quelques centaines de mètres de là !

La vérité est souvent insaisissable, comme le dit Molière dans les deux derniers vers de *Sganarelle* :

De cet exemple-ci ressouvenez-vous bien ;
Et quand vous verriez tout, ne croyez jamais rien.

Le mont-de-piété tire son nom de l'emplacement géographique

C'est un nom d'emprunt – ce qui est assez logique pour un endroit où l'on prête.

Mont-de-piété naît d'une erreur de traduction. L'italien d'origine, *monte di pieta*, signifie « crédit de piété » : établissement de prêt sur gage, à faible intérêt. Le premier est fondé en 1462, à Pérouse, par un moine scandalisé par l'usure, fléau de l'époque.

Un traducteur distrait fait de *monte* un « mont ». Et voilà pourquoi on dit mont-de-piété, alors qu'il n'est même pas dans une rue en pente.

Certains disent le « clou », parce que les objets en dépôt y étaient accrochés à des clous.

D'autres disent « Ma tante ». Explication : le prince de Joinville, royal rejeton de Louis-Philippe, est joueur. Un jour, il doit honorer ses dettes d'honneur. Faute d'argent, il dépose sa montre au mont-de-piété. Mais voilà que sa maman, la reine Amélie, lui demande : « Dites donc, mon fils, où est donc passée la montre que je ne vois plus dans votre gousset ? » Pincé le prince ! Pour s'en sortir, un pieux mensonge fera l'affaire : « Mère, je l'ai oubliée chez ma tante. » À défaut de s'enrichir, le fils du roi a enrichi la langue.

Quant au nom officiel du faux mont, c'est « Crédit municipal de Paris ».

Morphée, avec ses bras accueillants, est une dame séduisante

Perdu. C'est un monsieur !

C'est le dieu grec des Songes. Fils de la Nuit et d'Hypnos, le Sommeil, il a neuf cent quatre-vingt-dix-neuf frères et sœurs.

Morphée endort les mortels. Il y parvient en les effleurant d'une feuille de pavot. Il suscite ainsi leurs rêves.

Récit d'Ovide (*Les Métamorphoses*, livre XI) : *Dans le peuple de ses mille enfants, le Sommeil leur père éveille alors Morphée* (en grec : « forme »), *habile à prendre toutes les apparences de la figure humaine. Aucun autre ne sait avec plus d'adresse reproduire la démarche, le visage, le son de la voix de la personne qu'on lui indique, et, par surcroît, sa mise et ses propos les plus habituels. Mais il n'imite que les hommes.*

Représenté avec des ailes de papillons, Morphée peut se rendre au bout du monde en un instant.

Ce toxicomane a donné « morphine », alcaloïde de

l'opium aux propriétés soporifiques. Se trouver dans ses bras (virils) signifie dormir comme un bienheureux, du sommeil du juste, profondément.

Les mots français ne peuvent pas remplacer les anglais

Bill Gates peut bien se prendre pour le maître du monde, on peut bouter les mots anglais hors de France – à commencer par un qui lui est cher.

Quand naît le premier ordinateur électronique, aux États-Unis, en 1946, le mot en usage est *computer*. L'ENIAC, c'est son nom, est un mastodonte de trente tonnes, avec dix-sept mille quatre cent soixante-huit lampes sur cent soixante-huit mètres carrés. À génie américain, mot américain. L'impérialisme est aussi linguistique.

Neuf ans plus tard, IBM vient présenter à Paris son *computer* numéroté 650. Le directeur général de Big Blue, lui, cherche un nom français. Il s'adresse à un éminent linguiste, distingué latiniste.

Jacques Perret, professeur à la Sorbonne, lui répond par une lettre du 16 avril, à en-tête de l'Université de Paris, Faculté des lettres : *Que diriez-vous d'*ordinateur *? C'est un mot correctement formé, qui se trouve même dans le* Littré *comme adjectif désignant Dieu qui met de l'ordre* *dans le monde. Un mot de ce genre a l'avantage de donner aisément un verbe* ordiner, *un nom d'action* ordination. *L'inconvénient est que ordination désigne une cérémonie religieuse ; mais les deux champs de signification (religion et comptabilité) sont si éloignés et la cérémonie d'ordination connue, je crois, de si peu de personnes, que l'inconvénient est peut-être mineur. D'ailleurs votre machine serait* ordinateur *(et non ordination) et ce mot est tout à fait un objet spécifique, déterminé comme votre machine.*

Adjugé, vendu. Adieu *computer*, bonjour « ordinateur ».

Depuis, logiciel nous a débarrassé de *software*, unité centrale de *hardware*, savoir-faire de *know-how* et disquette de *diskette*. Quant à baladeur, non seulement il sonne mieux que *Walkman*, mais il lui dispute la prédominance.

Ce n'est pas à proprement parler une revanche de la langue de Molière sur celle de Shakespeare, d'autant que la *Queen* et ses royaux rejetons se satisfont parfaitement de porter sur leurs armoiries : « Dieu et mon droit », ainsi que « Honni soit qui mal y pense »...

Nous allions le dire.

Les mots-valises sont une invention de Lewis Carroll

En tout cas, il ne les appelle pas ainsi.

L'auteur d'*Alice au pays des merveilles*, s'il ne les a pas inventés, en est le grand-maître. Dans la préface de *La Chasse au Snark*, il parle de *portemanteau words* (en franglais, *please*).

D'autres grands auteurs suivent le créateur du *Papapillon* et du *Grand-Papapillon* (le premier est un papillon père de famille, le second est très âgé).

Jean-Loup Chiflet se fait historien des mots-valises[1] :

James Joyce en a usé avec bonheur ; non seulement il « di-vogue » dans Finnegans Wake, *mais, comme l'écrit Philippe Sollers dans la* Théorie des exceptions, *« il utilise sa* trifid tongue, *sa langue trifide, expression dans laquelle vous entendez aussi* terrific, *terrible, mais encore* trifle, *se moquer de, ne pas prendre les choses au sérieux ». Alfred Jarry, lui, préfère « dévoler », tandis que Raymond Queneau*

1. *Le Cafard laqué*, Mots et Cie, 1999.

se fait « buscouler » dans les Exercices de style, *sans oublier Max Ernst et sa célèbre « poule aux œufs durs », dans* Soliloque, *et Jacques Prévert, décoré de la « roséole ».*

Les dictionnaires sont accueillants à de telles constructions : cahute : cabane + hutte ; ferroutage : fer + routage (transport des camions par des trains) ; franglais : français + anglais (créé par Étiemble ; mais aussi *spanish* et *denglish*) ; phalanstère : phalange + monastère (formé en 1816 par l'utopiste Charles Fourier) ; photocopillage : photocopie + pillage ; rurbain : rural + urbain ; tigron : tigresse + lion.

L'anglais *brunch* est le mélange *breakfast* + *lunch* ; *smog* : *fog* + *smoke* ; *transistor* : *transfer* + *resistor.*

Les haplologies sont la réduction de deux phonèmes à un seul : idololâtrie devenant idolâtrie et Clermont-Montferrand Clermont-Ferrand.

Mousmé est un mot arabe

Raté !

C'est un mot japonais popularisé par *Madame Chrysanthème* (1887), roman de Julien Viaud (1850-1923), dit Pierre Loti (et nom Pi Lo Ti, imaginaire surnom nipponisant).

L'écrivain raconte ici un épisode de son premier séjour au Japon, en 1885. Il y contracte un mariage d'opérette, contre argent comptant (vingt piastres par mois), avec une nommée Okané-San, âgée de dix-huit ans.

Le livre, présenté comme « stupide », est une histoire à trois (principaux) personnages : *Moi, le Japon, l'Effet que ce pays m'a produit.* Par touches éphémères, il raconte la rencontre, le mariage arrangé et la vie commune, à Nagasaki, de l'auteur avec Kikousan, Madame Chrysanthème, devenue sa « mousmé ».

Pierre Loti y écrit : Mousmé *est un mot qui signifie jeune fille, ou très jeune femme. C'est un des plus jolis de la langue nipponne ; il semble qu'il y ait, dans ce mot, de la* moue *(de la petite moue gentille et drôle comme elles en font) et surtout de la* frimousse *(de la frimousse chiffonnée comme est la leur). Je l'emploierai souvent, n'en connaissant aucun en français qui le vaille.*

Le roman et le mot arrivent en France en pleine vogue du japonisme. Ils sont adoptés. L'un est oublié, l'autre est resté, pris le plus souvent pour un mot arabe.

La confusion naît de sa proximité avec *moukère.*

Le muguet est la fleur du 1er Mai

Aujourd'hui, oui.

Mais au départ, le prolétariat (comme on disait alors) arborait le coquelicot. C'est lui qui rougissait[1] les défilés.

La journée commémore la tragédie du 1er mai 1886, à Chicago, Illinois. À l'époque, les syndicats de l'American Federation of Labor (AFL) font de la journée de travail limitée à huit heures leur revendication principale. Leur objectif est d'y parvenir le 1er mai. Ce jour-là, les travailleurs de Chicago se mettent en grève. Deux jours plus tard, la police ouvre le feu sur la foule rassemblée devant l'entreprise de machines agricoles McCormick. On dénombre six morts et une cinquantaine de blessés. Le lendemain, une manifestation est organisée. Une bombe lancée sur la police fait huit morts et soixante blessés. Le gouvernement en profite pour arrêter huit militants syndicalistes. Six d'entre eux sont condamnés à mort et pendus.

En juillet, l'Internationale ouvrière se réunit à Paris.

1. La fleur doit son nom à sa couleur identique à celle de la crête du coq... qui fait « Cocorico » !

En hommage aux martyrs américains, sur proposition de Louise Michel, la « vierge rouge de la Commune », amnistiée et retour du bagne, elle appelle à manifester le 1er mai suivant pour réclamer la journée de huit heures.

La manifestation du 1er mai 1891 est endeuillée par le drame de Fourmies, dans le Nord, où la troupe tire sur des manifestants qui réclament la libération de grévistes du textile. Bilan : neuf morts.

En France, le 1er Mai est férié et chômé depuis 1947. C'est après la Seconde Guerre mondiale que le muguet supplante le coquelicot et l'églantine, symboles de la classe ouvrière, à la boutonnière des manifestants. Mais c'est en 1910 qu'un jardinier, « le père Moïse », implante la fleur jusque-là cultivée dans l'est de la France et dans la région nantaise – qui produit aujourd'hui 80 % des clochettes.

Le poète Raoul Ponchon écrit, vers 1913 :

Ainsi donc, jeunes midinettes,
Petits trottins et trottinettes,
Vous n'avez pas votre muguet
Du 1er mai, frêle et mystique,
À moins d'aller dans les boutiques
Où le syndicat fait le guet.

Finalement, le blanc l'emporte sur le rouge.

La vente des brins de muguet est essentiellement militante pendant des décennies – du parti communiste à la Croix-Rouge, en passant par les scouts et les associations. Elle est soumise à une réglementation spéciale, autorisant, selon l'arrêté J. Le Bon, *n'importe quelle personne à vendre du muguet sur la voie publique, sans déclaration préalable, sous réserve que ce ne soit pas au voisinage des fleuristes.* Quarante mètres au moins doivent séparer le vendeur ambulant d'une boutique, et ses brins doivent être vendus en l'état, sans racines, ni roses, ni vannerie.

Le mur du son a été inventé avec l'avion

Le son se propage dans l'air à la vitesse de trois cent quarante mètres seconde, soit mille deux cent vingt-cinq kilomètres heure.

Théoriquement, les molécules d'air ne peuvent se déplacer plus vite que le son. Du coup, un avion dépassant cette vitesse ne déplace plus ces molécules pour les écarter. Il se trouve alors confronté à une compression d'air qui forme une sorte de mur.

Pratiquement, il n'en est rien, ainsi que l'expérimente Charles « Chuck » Yeager, pilote d'essai américain, aux commandes de l'avion-fusée Bell X-1, le 14 octobre 1947, au-dessus du désert de Mojave, en Californie. L'air s'écarte, mais en provoquant une déflagration caractéristique.

L'avion-fusée, de couleur orange, est construit par Bell Aircraft. Conçu pour ressembler à une balle, il est doté de quatre moteurs de fusée d'une poussée totale de deux tonnes sept, alimentés par un réservoir de deux mille deux cent quatre-vingts litres d'un mélange explosif d'oxygène liquide et d'alcool. Il est baptisé *Glamorous Glennis*, du nom de l'épouse du pilote.

Incapable de décoller par ses propres moyens, par souci d'économie, le X-1 est amarré sous le ventre d'un bombardier B-29, qui le largue à huit mille six cents mètres. Quatorze minutes plus tard, Charles « Chuck » Yeager pose l'avion sans problème.

La vitesse atteinte est de mach 1, du nom du physicien autrichien Ernst Mach (1838-1916). Technicien de l'aérodynamique, ce dernier avait prédit le « bang » supersonique en 1887, soit avant l'invention de l'avion. À cette époque, le seul exemple connu en était le coup de tonnerre : il se produit quand la chaleur subite émanant de l'éclair provoque un déplacement d'air plus rapide que le son.

Mach 1, la vitesse du son, correspond à mille soixante-six kilomètres/heure, à la température de moins cinquante-six degrés Celsius de la stratosphère (au-dessus de quinze kilomètres et en dessous de cinquante).

Nobel n'a pas décerné de prix de mathématique parce que sa femme le trompait avec un matheux

Alfred Nobel (1833-1896) est un ingénieur suédois qui a choisi de mettre l'argent de la mort au service du savoir.

Il est l'inventeur, en 1867, de la dynamite – procédé par lequel on transforme la nitroglycérine liquide en pâte –, et de ce nom.

Huit ans plus tard, il met au point le plastic – la dynamite gomme. Ses travaux lui permettent de détenir trois cent cinquante brevets d'inventions. Ses découvertes intéressent la construction des routes, le percement des tunnels, etc.

Profondément pacifiste, il considère les guerres comme *l'horreur des horreurs et le plus grand de tous les crimes.* Fortune faite, à la tête d'un gigantesque empire financier, opposé à l'héritage, il instaure cinq prix dans un testament d'une seule page, rédigé à Paris et déposé à la banque Enskilda, à Stockholm.

Tout le reste de la fortune réalisable que je laisserai à ma mort sera employé de la manière suivante : le capital, placé en valeurs mobilières sûres par mes exécuteurs testamentaires, constituera un fonds dont les revenus seront distribués chaque année à titre de récompense aux personnes qui, au cours de l'année écoulée, auront rendu à l'humanité les plus grands services. Ces revenus seront divisés en cinq parties égales.

Alfred Nobel exclut toute préférence nationale :

Je désire expressément que les prix soient décernés sans aucune considération de nationalité de sorte qu'ils soient accordés aux plus dignes, Scandinaves ou non.

Les disciplines retenues sont la physique, la chimie, la physiologie et la médecine, la littérature – ou plus précisément *l'œuvre littéraire la plus remarquable d'inspiration idéaliste.*

Les mathématiques sont absentes du choix d'Alfred Nobel. La légende veut qu'il n'ait pas voulu risquer que fût récompensé Gösta Mittag-Leffler – ce brillant mathématicien suédois étant l'amant de son épouse. Seul *hic* : il n'y a pas de madame Nobel.

Non seulement, Alfred Nobel était vieux garçon, mais c'était un grand cavaleur devant l'Éternel...

L'olympiade prochaine aura lieu à Athènes

Elle n'aura lieu nulle part !

Ou partout, car une olympiade, c'est la période qui sépare deux jeux olympiques.

Elle dure quatre ans. À peine le temps de se préparer pour les prochains J.O.

L'orchestre du *Titanic* jouait *Plus près de toi, mon Dieu* au moment du naufrage

L'orchestre du *Titanic* est composé de huit musiciens, dirigés par Wallace Hartley.

Ils jouent dans le grand salon ou dans l'un des restaurants de 1re classe. Ils voyagent avec des billets de 2e classe. Ils vont tous mourir dans le naufrage.

Le *Titanic* est le plus grand paquebot du monde. Construit en 1912 pour la White Star Line aux chantiers navals Harland & Wolf de Belfast, il mesure deux cent soixante-neuf mètres de long, vingt-huit mètres cinquante de large, trente mètres de haut (cinquante-trois avec les cheminées). Sa vitesse de croisière est de vingt et un et demi à vingt-deux nœuds. Il a quatre cheminées (la dernière est postiche) peintes en rouge avec manchette noire, trois hélices d'un poids de quatre-vingt-dix-huit tonnes, quatre ascenseurs, sept ponts principaux. Son déplacement est de cinquante-deux mille cinq cent vingt tonnes.

Il peut emmener neuf cent cinq passagers en 1re classe,

cinq cent soixante-quatre en 2e, mille cent trente-quatre en 3e, avec neuf cents membres d'équipage.

Dans la nourriture embarquée, on compte cent soixante-six tonnes de viande fraîche, trente-cinq mille œufs frais, mille bouteilles de vin et huit mille cigares. Le palace flottant est doté de bains turcs, d'un gymnase, d'un café à la française.

Le 10 avril 1912, le *Titanic* quitte Southampton, à destination de New York, pour sa croisière inaugurale. Il est sous les ordres du capitaine Edward Smith.

Le soir du 14, l'orchestre joue la partition musicale des *Contes d'Hoffmann*.

À 23 h 30, le *Titanic* est à cent cinquante kilomètres de Terre-Neuve, dans les eaux glacées de l'Atlantique Nord. Sa proue heurte un iceberg qui fait un trou de quatre-vingt-dix mètres de long en dessous de la ligne de flottaison. Une fois la situation évaluée, ordre est donné de lancer le signal de détresse CQD (*Come Quick Danger*), puis le SOS (voir ce mot). À 0 h 5, le premier canot est mis à la mer. Deux heures plus tard, c'est au tour du dernier.

L'orchestre s'est installé sur le pont des embarcations. Il est à bâbord, à côté de la deuxième cheminée, en face de la grande descente. Il joue du *rag-time* et la mélodie *Autumn*.

Pendant ce temps, d'autres personnes gardent leur flegme (insouciance ou panache ?) : dans le gymnase éclairé, le moniteur, W. McCawley, est à son poste ; W. Stead, publiciste, s'est retiré avec un livre dans un des salons ; Benjamin Guggenheim, accompagné de son domestique, gagne sa cabine pour se mettre en tenue de soirée : le « roi » du cuivre veut mourir en *gentleman.* Trois autres milliardaires américains sont parmi les victimes : John Astor, George Widener, « roi » des tramways, et Charles H. Hays, « roi » des chemins de fer.

L'orchestre joue jusqu'au bout.

À 2 h 20, le 15 avril, le *Titanic* coule après s'être coupé en deux. On dénombre mille cinq cent treize morts et sept cent onze rescapés. Le navire gît par trois mille huit cent cinquante mètres de fond, à sept cent vingt-cinq kilomètres au sud-est de Terre-Neuve.

La légende peut commencer. Elle veut que, dans les derniers instants, les musiciens aient joué le cantique *Plus près de Toi mon Dieu* (en anglais *Nearer My God To Thee*).

L'Illustration : Les survivants, entassés dans les canots de sauvetage, entendaient au loin dans la nuit où rayonnait toujours le navire illuminé cette suprême invocation.

Il n'en est rien, mais les esprits sont marqués.

Dans sa chronique musicale du 24 avril, *Le Figaro* s'interroge même sur la version qui a été interprétée – une de celles, anglicanes, de Southgate ou Hopkins, ou celle, de 1881, du révérend Saint-Hilaire ? Débat d'initiés...

En France, on imprime des partitions du célèbre *Cantique du Titanic.* Il s'en vend plus de cinquante mille en quelques semaines.

Le corps de Wallace Hartley est repêché quelques jours après le naufrage. Accroché à lui, la boîte de son violon.

Aujourd'hui, l'épisode sert de comparaison ironique pour évoquer des entreprises victimes d'une gestion désastreuse : « Au moins, sur le Titanic, y avait-il un orchestre... »

Les papillons sud-américains laissent les cow-boys indifférents

Si c'est le cas, les gardiens de vaches ont tort !

Le savant chaos déterministe est illustré par « l'effet papillon », formule qui illustre comment un événement minuscule peut provoquer de formidables[1] perturbations.

La théorie est énoncée en 1972, par le météorologue Edward Lorenz. Elle se résume lumineusement : « Le battement des ailes d'un papillon au Brésil peut-il déclencher une tornade au Texas ? » La conséquence – importante – est due non à la puissance propre du mouvement mais à ce qu'il intervient dans un milieu instable et susceptible d'amplifier une perturbation minimale.

La vision d'un lépidoptère conduisant à des remous mondiaux plaît, et chacun l'adapte à son goût.

Revue de presse.

1. Au sens premier du terme, « à craindre, à redouter ».

Sciences et Vie : « Un coléoptère alangui brassant mollement l'air de la Martinique de ses fragiles extrémités parvient parfois à déclencher, quelques semaines plus tard, une violente tempête en mer de Chine. »

Le Figaro : « Un papillon, par son battement d'ailes au Sri Lanka, peut provoquer quelques jours plus tard un ouragan en Floride. »

Le Monde : « Un battement d'aile de papillon à Tokyo pourrait déclencher un cyclone sur la Jamaïque. »

Le Monde (*bis*) : « Un battement d'aile, en Mongolie, peut produire une tempête, quelques semaines plus tard, dans la Cordillère des Andes. »

Le Monde (*ter*) : « Le battement d'ailes d'un lépidoptère à Sydney peut très bien occasionner un ouragan en Floride. »

Libération : « Si le battement des ailes d'un papillon à Shanghai est capable de provoquer un orage sur New York des semaines plus tard, on voit mal pourquoi une fluctuation sur le Cocoon Exchange de Maebashi (marché de référence du cocon de vers à soie) n'entraînerait pas un krach à Wall Street. »

Libération (*bis*) : « Un battement d'ailes de papillon à Romorantin peut changer la face du monde. »

L'Express : « Un battement d'aile à Singapour peut soulever une vraie tempête à Paris. »

Reuter : « Un battement d'ailes de papillon en Californie peut déclencher un ouragan au Japon. »

La palme de l'interprétation personnalisée revient à

Jacques Julliard, qui, en mars 1995, sur Europe 1, avance, à propos de l'organisation de la Bourse : « Le battement d'ailes d'une libellule dans la montagne peut se traduire par une avalanche dans la vallée. »

En d'autres temps – merci Blaise Pascal –, le rôle de l'insecte était tenu par le nez de Cléopâtre ! Quant à la sagesse populaire, elle n'a pas attendu la théorie du chaos pour annoncer haut et fort : « Petite cause, grands effets[1] » !

1. Dans *La Baignoire d'Archimède*, Sven Ortoli et Nicolas Witkovski (Seuil) observent de remarquables « effets antipapillon » : il n'est pas rare de trouver, en Angleterre surtout, des colonies égarées de « monarques » (*Danaus plexippus*), très communs au Mexique. Les météorologues expliquent que ces papillons arrivent par la voie des airs, transportés par les vents d'altitude d'une queue de cyclone. D'où il ressort qu'un cyclone au Mexique peut provoquer un battement d'ailes de papillon en Angleterre !

Perfectionner ce qui peut l'être est une obligation

Oublions la morale et le souci d'amélioration des choses de ce bas monde.

Nous sommes là face à un solécisme – emploi syntaxique fautif de formes par ailleurs existantes. Le mot vient de Solos, en Cilicie (Asie Mineure), ville fondée par les Athéniens. Ses habitants passaient pour parler un mauvais grec.

« Changer ce qui peut l'être » est incorrect, donc, et voici pourquoi : la faute devient claire quand on utilise des verbes qui ne sont pas du premier groupe où l'infinitif et le participe ne sont pas homophones. Exemple : finir ce qui peut l'être (ce qui peut être fini), prendre ce qui peut l'être (ce qui peut être pris), accroître ce qui peut l'être (ce qui peut être accru).

Ce n'est pas parce qu'il n'y a pas de différence de prononciation entre le participe passé et l'infinitif des verbes du premier groupe (comme « améliorer ») que la faute existe moins.

Dans le genre accumulatif, « c'est de ce fait dont je veux parler » n'est pas mal non plus. Il convient de dire soit « c'est ce fait dont je veux parler », soit « c'est de ce fait que je veux parler ».

Pareillement, il faut éviter « c'est là d'où il vient » (c'est de là qu'il vient) et « c'est là où il va » (c'est là qu'il va). On n'observe pas « depuis » sa fenêtre (mais « de »). On ne pallie pas « à » un manque (le verbe est transitif direct ; il faut dire « pallier un manque »). On ne part pas « à » (mais « pour »). Espèce est féminin, ce qui justifie l'interdiction d'« un espèce de »...

Les meilleurs peuvent s'y tromper : *Il faut faire ce qui peut l'être.* (Jacques Chirac, entretien télévisé, 14 juillet 1999)... *L'homme politique s'exprime d'abord par ses actes ; c'est d'eux dont il est comptable.* (François Mitterrand, entretiens avec Élie Wiesel, 1995)... *M. Balladur est comme tout le monde. Il voudrait qu'on l'aimât. Il le fut.* (Françoise Giroud, *Le Figaro*, 26 octobre 1995)

Ce n'est pas une raison pour imiter ces grandes plumes.

Un prisonnier peut se faire la belle

Doublement non !

L'évasion est d'abord interdite. Et la formule n'a pas ce sens-là.

C'est un barbarisme – incorrection due à l'emploi de mots inexistants ou déformés.

Réussir à fuir d'une prison, c'est « faire la belle ». Par ressemblance avec « se faire la malle », la faute a été introduite. « Se faire la belle » a une tout autre signification, particulièrement vulgaire.

Les exemples de déformations vicieuses font florès : solutionner (résoudre), aéropage (aréopage), aréodrome (aérodrome), autant pour moi (au temps pour moi), bourré de remords (bourrelé), carapaçonner (caparaçonner), carroussel (carousel), courbaturé (courbatu), coutumace (contumace), déguingandé (dégingandé), dépradation (déprédation), dilemne (dilemme), infractus (infarctus).

Jouer un adversaire (jouer contre un adversaire), obnibuler, omnubiler (obnubiler), pécunier (pécuniaire), système pénitencier (pénitentiaire), rabattre les oreilles (rebattre), soulever un lièvre (lever), tête d'oreiller (taie)...

Le Quiévrain coule entre la France et la Belgique

« Outre-Quiévrain » désigne bien l'au-delà de notre frontière avec « la vaillante petite nation ».

Mais ce n'est pas un cours d'eau. C'est une commune de l'arrondissement de Mons, province du Hainaut. Elle se situe cependant sur une rivière, la Grande et la Petite Honnelle – mais on ne dit pas « Outre-Honnelle ».

Quiévrain ne fait donc que rimer avec Rhin, fleuve qui sépare la France et l'Allemagne. Le voisin teuton habite donc « Outre-Rhin », comme les Grands-Bretons vivent « Outre-Manche » et leurs cousins américains « Outre-Atlantique ».

On ne dit pas « Outre-Bidassoa » pour l'Espagne (mais « de l'autre côté des Pyrénées ») ni « Outre-Rubicon » pour l'Italie (mais « de l'autre côté des Alpes » ; parlant des Italiens, on dit « les voisins transalpins », les Français étant des Cisalpins).

La radio a été inventée par Branly

Les Français ont plaisir à le croire.

L'invention est si belle qu'on s'en dispute la paternité. Le mot, d'ailleurs, au début, n'apparaît pas seul. C'est un élément linguistique, du radical latin *radius*, rayon ou radiation. De là, radioactif, radiodiffusion, radiologue, radioscopie ou radio-réveil

Édouard Branly fait bien entrer la télégraphie sans fil (en abrégé TSF) dans le monde réel, en 1890, grâce à son « cohéreur », un tube radioconducteur à limaille.

Selon les Allemands, le père est Heinrich Hertz. En 1888, il découvre les ondes électromagnétiques et montre qu'elles suivent le même chemin que la lumière. Mais, sans cohéreur, pas moyen de capter ces ondes « hertziennes ».

Les Anglais penchent pour un *daddy* : Oliver Lodge. En 1894, il réalise le premier récepteur. Les Russes lui préfèrent Alexandre Popov. En 1895, il invente l'antenne. Les Italiens jurent que le seul découvreur est Guglielmo Marconi, qui, la même année, coordonnant le tout, établit des liaisons à courtes distances dans le jardin de ses parents, à Bologne.

Chers-z-auditeurs, merci de votre attention...

Le Rubicon a inspiré Jules César

Pas de chance, il n'en pipe pas mot.

Il le franchit, mais en silence.

Le Rubicon est un cours d'eau qui naît dans l'Apennin et finit dans l'Adriatique, entre Ariminum et Ravenne. Entre les deux, il en profite pour séparer l'Italie de la Gaule Cisalpine.

Jules César se présente sur ses berges le soir du 11 janvier 49 avant J.-C.

Une loi du Sénat exige de tout général qu'il licencie ses troupes avant de passer cette rivière, qui permet d'entrer en Italie par le nord.

Suétone raconte comment Jules passe outre (*Vie des douze Césars*, César, XXXII) : *Au point du jour, ayant trouvé un guide, il suivit à pied des sentiers étroits jusqu'au Rubicon, limite de sa province, et où l'attendaient ses cohortes. Il s'y arrêta quelques instants, et, réfléchissant aux conséquences de son entreprise : « Il est encore temps de retourner sur nos pas, dit-il à ceux qui l'entouraient ; une fois ce faible pont franchi, c'est le fer qui décidera de tout. »*

Il hésitait ; un prodige le détermina. Un homme d'une taille et d'une beauté remarquables apparut tout à coup, assis à peu de distance et jouant du chalumeau. Des bergers et quelques soldats des postes voisins, parmi lesquels il y avait des trompettes, accoururent pour l'entendre. Il saisit l'instrument d'un de ces derniers, s'élança vers le fleuve, et, tirant d'énergiques accents de cette trompette guerrière, il se dirigea vers l'autre rive. « Allons, dit alors César, allons où nous appellent les prodiges des dieux et l'injustice de nos ennemis : le sort en est jeté ! »

Alea jacta est... Il marche ensuite sur Rome, donnant ainsi le signal de la guerre civile qui l'opposera victorieusement à Pompée.

Selon Appien, César déclare : *Mes amis, si je ne passe pas ce fleuve, tous les malheurs viendront fondre sur moi ; si je le passe, malheur au genre humain.*

César, lui, est muet sur cet épisode. Il ne daigne jamais citer le Rubicon.

L'épisode aurait dû se situer, dans *La Guerre civile*, entre deux chapitres :

La fin du VII : *Les soldats de la treizième légion (César l'avait fait venir dès le commencement des troubles, et les autres n'étaient pas encore arrivées) s'écrièrent, unanimes, qu'ils étaient prêts à défendre leur chef et les tribuns de la plèbe contre toute injustice.*

Le début du VIII : *Connaissant dès lors l'état d'esprit de ses troupes, César se rend avec cette légion à Ariminum, où il trouve les tribuns de la plèbe venus se réfugier auprès de lui.*

Une sardine ne peut pas boucher le port de Marseille

Les fils de la cité phocéenne ont beau avoir le sens de l'exagération, l'histoire a bel et bien eu lieu.

En 1793, un brick fait naufrage dans le Vieux Port. Nommé *La Sardine*, il est la preuve qu'un petit poisson (de la famille des clupéidés), au demeurant très abondant en Méditerranée, est capable de bloquer des installations portuaires.

Surplombant le Vieux Port et La Canebière, la Bonne Mère n'a plus qu'à s'incliner !

Le smoking donne une élégance toute britannique

Possible, mais le mot n'a rien d'anglais.

Il y a des mots qui frisent le ridicule et frôlent la correctionnelle : ils cherchent à en imposer et ne parviennent qu'à faire sourire les Britanniques, car ils sont inconnus au bataillon de l'autre côté de la Manche.

Parmi ces anglicismes absurdes (les vrais sont déjà lourds) : l'élégant « smoking ». À Londres, les disciples du Beau Brummel parlent d'*evening jacket.* Alors, si ce n'est à eux, le mot appartient-il à leurs cousins d'Amérique ? Que nenni. Les fringants Yankees portent un *tuxedo* (s'il est blanc).

D'autres faux emprunts ont cours : camping-car (*motor home*), auto-stop (*hitch-hiking*), baby-foot (inexistant), ball-trap (*clay pigeon shooting*), baskets (*tennis-shoes*), brushing (*blow-drying*), dancing (*dance-hall*), flipper (*pinball-machine*), footing (*walking*), goal (*goal-keeper*), happy end (*happy ending*), lifting (*face-lift*), lunch (*wedding-breakfast*), parking (*car-park*), pin's (*pin*), pull-over (*sweater*), recordman (*record holder*), shake-hand (*handshake*), shampooing (*shampoo*), sleeping (*sleeping-car*), speaker (*announcer*), tennisman (*tennis player*).

Les soldes sont avantageuses cette année

C'est douteux, parce que « soldes » est... masculin. Ils ne peuvent donc être qu'avantageux.

À condition d'obéir aux règles : ils ne peuvent avoir lieu que pendant six semaines, en janvier et en juillet. Ne peuvent être présentés comme tels que des articles en magasin et déjà payés au moins un mois avant le début des soldes : ceux-là seuls peuvent être vendus au rabais, à des prix sacrifiés.

Tout le reste ne mérite pas le nom de « soldes ». Et Dieu sait si les commerçants font preuve d'une richesse de vocabulaire pour séduire le chaland : liquidation, braderie, déballage, démarque, déstockage, ventes privées, promotion, articles dégriffés.

Quant à « solde » au féminin, le mot désigne le salaire des militaires. Illustration de cette bizarrerie de la langue française : avec sa solde décevante, le soldat doit chercher des soldes intéressants.

SOS signifie *Save Our Souls*

L'alphabet morse sert aux échanges télégraphiques. Il est universel.

Son inventeur, Samuel Finley Breese Morse, a une formation littéraire et artistique, mais se passionne pour l'électromagnétisme, que le professeur de physique Freman Dane lui fait découvrir.

En 1832, peintre renommé, il prend le bateau pour rentrer d'un séjour européen. C'est sur le *Sully* qu'il imagine un système de liaison télégraphique électromagnétique. Une information peut être acheminée en hachant subtilement le courant, grâce à un moyen mécanique, un interrupteur à levier (le « manipulateur »). Le courant passe quand on appuie sur une poignée. Il est interrompu quand on la relâche.

À peine rentré, il réalise une maquette, qui fonctionne. En 1835, il expérimente un prototype, qu'il améliore ensuite en commandant par électro-aimant le stylet qui inscrit les messages sur une bande de papier. Un codage s'impose pour permettre à tous les caractères d'emprunter la seule ligne qu'elle comporte. C'est l'alphabet morse. Un signal court pour un point, un long pour un trait.

Confronté à mille difficultés, multipliant les échecs pour imposer son invention, tant aux États-Unis qu'en Europe (la France dispose du télégraphe Chappe), Samuel Morse n'obtient d'établir sa première ligne télégraphique qu'en 1844 : soixante-quatre kilomètres entre Washington et Baltimore. C'est un triomphe. Vénéré, Morse retourne à sa peinture et se consacre à l'art jusqu'à la fin de ses jours.

Pendant plus d'un siècle, les navires se servent de son alphabet pour communiquer avec la terre ferme. À bord, l'officier-radio chargé des communications est baptisé le « Marconi ». Au fil des années, la fréquence des 500 kilohertz véhicule les messages personnels, commerciaux, ou de détresse.

Le signal de catastrophe est d'abord « CQD », *Come Quickly, Danger*. « SOS » (trois points, trois traits, trois points) est retenu pour sa simplicité à la conférence internationale de Berlin, en 1906. Les trois lettres n'ont aucune signification. Ce n'est qu'après la catastrophe du *Titanic* qu'est inventée la légende du *Save Our Souls* – Sauvez nos âmes.

Finalement, la radio supplante le morse et *Mayday* (prononcer « m'aidez » en français) supplante le SOS, sur la fréquence 2 182 kilohertz.

De moins en moins utilisées, victimes du progrès, les transmissions en morse entre bateaux et stations terrestres d'écoute sont abandonnées le 1er février 1997.

Ti-ti-taaa-taaa... Point-point-trait-trait...

Stakhanov était un bourreau de travail

Un escroc, oui !

Alexei Gregorievitch Stakhanov (1905-1977) est un mineur ukrainien, natif de Donbass.

Mode de production à la soviétique, le stakhanovisme se veut l'art et la manière de relever le niveau – très bas – de la productivité.

La légende veut que, dans la nuit du 30 au 31 août 1935, un ancien berger de vingt-neuf ans batte un record : il extrait à lui seul cent cinq tonnes de charbon en 5 h 45, soit dix fois le record précédent, détenu par un Anglais, et quatorze fois les normes soviétiques.

Il s'appelle Stakhanov. Il travaille à la mine de Trenstralnya Irmino, dans le Donbass. Un entrefilet de la *Pravda* révèle cet exploit le 24 septembre.

Des brigades de stakhanovistes se créent. Un congrès de ces ouvriers exemplaires se tient, en novembre, en présence de Staline. L'*émulation socialiste* a trouvé son héros. Dans le monde entier, son nom devient synonyme de rendement élevé et de rythme de travail accéléré.

Mais toute l'histoire est un mensonge, révélé, en 1988, par la *Komsomolskaïa Pravda.* En réalité, Stakhanov n'est pas seul. Il est aidé secrètement par deux assistants, Borisenko et Chigolev. L'idée en revient au responsable local du parti communiste :

La journée internationale de la jeunesse approchait, qui tombait alors le 1er septembre. Il nous vint l'idée de la célébrer par un record d'un des travailleurs de la mine. Le choix tomba sur Alexei Stakhanov. Il fut décidé ceci : il ne travaillerait qu'au marteau-piqueur, et deux mineurs l'aideraient pour étayer la galerie.

Avis à ceux qui révéleraient la supercherie : ils seraient considérés comme des ennemis des plus dangereux.

Si la méthode augmente le rendement, elle fait aussi baisser les salaires des plus nombreux, puisque les rémunérations sont déterminées en fonction des normes les plus élevées. Certains stakhanovistes sont assassinés par leurs collègues de travail dans les années 1935-1938. Les accidents miniers augmentent et les persécutions contre les saboteurs et les ennemis font de même.

Conclusion distanciée de Pierre Briançon (*Libération*, 17 octobre 1988) : *L'URSS perd un héros et le langage international un moyen de désigner commodément les abrutis du travail* [...] *Avec cette deuxième mort d'un crétin ordinaire, l'URSS a de nouveau perdu un de ses grands héros positifs. Le jardin des mythes ressemble à un désert.*

Toréador est un mot espagnol

La langue de Cervantès l'ignore.

Elle connaît *torero* et *matador*.

Aucune trace de « toréador », qui ne doit son succès qu'au livret de *Carmen*, signé Meilhac et Halévy.

« Desesperado » n'existe pas davantage en castillan, qui ne connaît que *desperado*.

Tous les mots peuvent rimer

Tous sauf un.

On ne peut pas dire de « triomphe » qu'il ne rime à rien, mais on peut affirmer qu'il ne rime avec rien[1].

Certains vers auraient mieux fait de ne pas trouver avec qui rimer. Ils sont célèbres pour des raisons que n'avaient pas prévues leurs auteurs.

Pierre Corneille, *Polyeucte* :

Vous me connaissez mal : la même ardeur me brûle
Et le désir s'accroît quand l'effet se recule.

Le même, *La Mort de Pompée* :

Car c'est ne pas régner qu'être deux à régner !

1. Sauf à admettre le verlan « à donf », pour « à fond » et le mot d'argot que Rimbaud utilisait pour parler de sa mère : la « daromphe ».

Encore Corneille, première édition d'*Horace* :

Je suis romaine, hélas, puisque mon époux l'est.

Moins connu, Adolphe Dumas (1806-1861), *Le Camp des Croisés* :

J'en sortirai du camp, mais quelque soit mon sort
J'aurais montré du moins comme un vieillard en sort.

Carrément inconnu, Charles-Victor Prévot d'Arlincourt (1789-1856), *Le Siège de Paris* :

Sur le sein de l'épouse, il écrasa l'époux.

Abbé Pellegrin, auteur au XVIIe siècle d'un opéra, *Loth* :

L'amour a vaincu Loth.

Et pour finir en chanson, Théodore Botrel (1868-1925), *La Paimpolaise* :

Et sa voile, ne vous déplaise,
Est moins blanche, au mât d'artimon
Que la peau de la Paimpolaise.

Le troisième millénaire a commencé le 1er janvier 2000

C'est le débat le plus passionné du siècle.

Un siècle dure cent ans et un millénaire mille ans.

C'est net, simple, évident.

En toute logique, le XXe siècle s'achève donc le 31 décembre 2000, et le IIIe millénaire commence le lendemain, le 1er janvier 2001. Simplement parce qu'il n'y a pas d'année 0.

Cela ne se discute pas. Gardien du temps, le Bureau des longitudes de l'Observatoire de Paris est formel. Et pourtant, c'est une controverse sans fin. Ils sont tant – chiffre rond oblige – à vouloir faire de l'an 2000 le début d'un nouveau siècle, du IIIe millénaire.

Le débat, enflammé, ne date pas d'aujourd'hui. Dans sa correspondance, à la date du 4 janvier 1699, la princesse Palatine, belle-sœur de Louis XIV, écrit : *Il y a en ce moment une grande dispute à la cour et, du roi jusqu'aux laquais, tout le monde y prend part* [...]. *Voici l'objet de la dispute : le siècle commence-t-il à l'année 1700 ou à l'année 1701 ?* [...] *Où qu'on aille, on n'entend discuter que de cela ; jusqu'aux porteurs de chaises qui s'en mêlent...*

Aujourd'hui, un article affirme-t-il que le siècle finit en 1999, et « c'est par dizaines que les protestataires » se manifestent, reconnaît *Le Monde.* Le sujet est en tête, « et de très loin », du courrier des lecteurs du *Figaro* : « Un déluge de lettres ».

Dans ce quotidien, la polémique autour d'une lettre de Jean Gouvy, de Paris, a duré des semaines. Il écrivait, sous forme de défi : *Le premier siècle est bien la période située entre l'année 0 et l'année 99, soit cent ans. Le siècle de Louis XIV est bien le* XVIIe *siècle, entre l'année 1600 et l'année 1699... etc. Le* XXe *siècle se termine donc bien à la fin de l'année 1999 et le* XXIe *siècle commencera bien le 1er janvier 2000. Quelqu'un peut-il prouver mathématiquement le contraire ?*

Les réponses font état de poules qui ont pondu un œuf numéro un, de bébés de onze mois qui n'ont pas encore soufflé leur première bougie !

Les uns avancent des arguments scientifiques et des évidences historiques. Ils signalent que la force du triple zéro n'est qu'arbitraire.

Les autres leur opposent le bon sens, le pluralisme d'opinions, le chiffre rond, magique, symbolique.

À la logique mathématique répond la logique sociale.

À chacun de décider si Victor Hugo peut aller se rhabiller, lui qui écrivait à propos de l'année de sa naissance, 1802 : *Ce siècle avait deux ans.*

Le vaisseau de Paris
« flotte mais ne sombre pas »

Les armes de la capitale représentent un vaisseau, avec une devise en latin qui lui est attachée comme une ancre : *Fluctuat nec mergitur.*

La bonne traduction est « Il est battu par les flots, mais ne sombre pas. » *Fluctuat* ne veut pas dire « flotte ».

Certes, sous le pont Mirabeau, ce n'est pas l'Amazone qui coule. Les berges de la Seine ne sont pas davantage les chutes du Niagara. Dépourvu de rapides vertigineux, le fleuve ne charrie ni glace, ni boue, ni troncs d'arbres. Plutôt la Bièvre que le Zambèze.

Vulgum pecus est une locution latine

Disons qu'elle est pseudo-latine.

Vulgum pecus est formé sur *vulgus*, foule et *pecus*, troupeau – soit « le commun des mortels ».

C'est un barbarisme apparu à la fin du XIXe siècle. Horace parle de *profanum vulgus*, « foule profane »

Gustave Flaubert écrit : *Il y a peut-être moyen d'appliquer vos facultés poétiques, qui sont éminentes, à des sujets flattant plus le vulgum pecus.*

Dans *Zazie dans le métro*, Raymond Queneau orthographie *vulgue homme Pécusse.*

Autre invention singeant le latin : canular. Cette latinisation plaisante est créée, au début du XXe siècle, sur « canuler », importuner.

Les yeux de Chimène expriment l'amour

Chimène est l'héroïne de la tragi-comédie *Le Cid* (1636), de Pierre Corneille (1606-1684).

Fille de Don Gomès, comte de Gormas, la jeune Castillane est amoureuse du fils de Don Diègue, Rodrigue Diaz de Bivar, dit le Cid – nom que lui donnent les Mores qu'il vainc.

Même en cherchant bien dans la pièce, on s'aperçoit que les yeux de Chimène ne sont appelés à témoigner que par deux fois, et nullement pour se montrer énamourés ou admiratifs :

Sire, mon père est mort ; mes yeux ont vu son sang
Couler à gros bouillons de son généreux flanc.

Acte II, scène 8

Pleurez, pleurez mes yeux, et fondez-vous en eau !
La moitié de ma vie a mis l'autre au tombeau.

Acte III, scène 3

Curieusement, ce sont les yeux de son amant qui, en

1668, sont immortalisés par... Nicolas Boileau (1636-1711) :

En vain, contre le Cid, un ministre se ligue[1]
Tout Paris pour Chimène a les yeux de Rodrigue.

Satire IX

Il faut finalement attendre Georges Fourest (1864-1945), pour trouver, en 1909, en termes légers et parodiques, l'image qui se rapproche le plus de la formule popularisée :

Le palais de Gormas comte et gobernador
Est en deuil ; pour jamais dort couché sous la pierre
L'hidalgo dont le sang a rougi la rapière
De Rodrigue appelé le Cid Campéador.
Le soir tombe. Invoquant les deux saints, Paul et Pierre,
Chimène, en voile noir s'accoude au mirador.
Et ses yeux dont les pleurs ont brûlé la paupière
Regardent sans rien voir mourir le soleil d'or.
Mais un éclair soudain fulgure en sa prunelle,
Sur la piazza Rodrigue est debout devant elle.
Impassible et hautain, drapé dans sa capa,
Le héros meurtrier à pas lents se promène.
Dieu, soupire à part soi la plaintive Chimène,
Qu'il est joli garçon l'assassin de Papa !

La Négresse blonde

1. Le cardinal de Richelieu.

Collection "Arléa-Poche"

1. Tahar Ben Jelloun, *Éloge de l'amitié*
2. Paul Morand, *Éloge du repos*
3. Albert Londres, *Les Forçats de la route*
4. Jerome K. Jerome, *Pensées paresseuses d'un paresseux*
5. Fruttero & Lucentini, *La Signification de l'existence*
6. Jean-Claude Guillebaud, *Le Voyage à Keren*
7. Pierre Veilletet, *La Pension des Nonnes*
8. René Girard, *Quand ces choses commenceront...*
9. Edmond Haraucourt, *Daâh, le premier homme*
10. Honoré de Balzac, *Petites Misères de la vie conjugale*
11. Henri Guillemin, *Silence aux pauvres !*
12. Albert Londres, *Dans la Russie des soviets*
13. J.M.G. Le Clézio, *Ailleurs*
14. Jerome K. Jerome, *Trois Hommes sur un vélo*
15. Pierre Veilletet, *Le Vin, leçon de choses*
16. Albert Memmi, *Bonheurs*
17. Sami Naïr, *Contre les lois Pasqua*
18. Albert Londres, *Au bagne*
19. Arthur Rimbaud, *Une saison en enfer*
20. Arthur Rimbaud, *Illuminations*

H.C. Marquis de Sade, *Idée sur les romans*

21. Jean Lacouture, *Mes héros et nos monstres*
22. Jean Daniel, *Voyage au bout de la nation*
23. Robert Guillain, *Les Geishas*
24. Gisèle d'Estoc, *Cahier d'amour*
25. Denis Tillinac, *Le Bar des Palmistes*
26. André Fraigneau, *Les Enfants de Venise*
27. Jerome K. Jerome, *Journal d'un touriste*
28. Tristan Bernard, *Sous toutes réserves*
29. Alphonse Allais, *Le Parapluie de l'escouade*
30. Jean Daniel, *Dieu est-il fanatique ?*
31. Albert Londres, *Le Juif errant est arrivé*
32. Albert Londres, *Dante n'avait rien vu*
33. Henri Guillemin, *Une certaine espérance*
34. Albert Londres, *Terre d'Ébène*
35. Albert Memmi, *L'Exercice du bonheur*
36. Albert Londres, *Contre le bourrage de crâne*
37. Honoré de Balzac, *Traité de la vie élégante*
38. Dominique Noguez, *La Colonisation douce*

39. Honoré de Balzac, *Les Journalistes*
40. Joseph Delteil, *La Cuisine paléolithique*
41. Pierre Veilletet, *Mots et merveilles*
42. Jerome K. Jerome, *Arrière-Pensées d'un paresseux*
43. Gunnar Gunnarsson, *Le Berger de l'Avent*
44. Tzvetan Todorov, *Les Abus de la mémoire*
45. Cami, *Pour lire sous la douche*
46. t'Serstevens, *Les Corsaires du roi*
47. Franco Ferrucci, *Lettre à un adolescent sur le bonheur*
48. Albert Londres, *Pêcheurs de perles*
49. Albert Londres, *Le Chemin de Buenos-Aires*
50. Jules Barbey d'Aurevilly, *Le Dessous de cartes d'une partie de whist*
51. Jean-Philippe Arrou-Vignod, *L'Afrique intérieure*
52. Albert Londres, *L'homme qui s'évada*
53. David Livingstone, *Dernier Journal*
54. Prosper Mérimée, *Lettres libres à Stendhal*
55. Albert Londres, *Marseille, porte du Sud*
56. Albert Londres, *Chez les fous*
57. Pierre Veilletet, *Bords d'eaux*
58. Jacques Ellul, *Ce Dieu injuste ?*
59. Albert Londres, *La Chine en folie*
60. Albert Londres, *Les Comitadjis*
61. Pier Paolo Pasolini, *Qui je suis*
62. Albert Memmi, *Ah, quel bonheur !*
63. Michel Boujut, *Le Jeune Homme en colère*
64. Paul Morand, *Mes débuts*
65. Pascal Bruckner, *Le Vertige de Babel*
66. Germaine Tillion, *La Traversée du mal*
67. Arthur Rimbaud, *Poésies*
68. Alain Etchegoyen, *Éloge de la féminité*
69. Raymond Jean, *Vie de Paul Cézanne*
71. Serge Halimi, *Quand la gauche essayait*
72. Olivier Boura, *Marseille ou la mauvaise réputation*
73. François Thual, *Géopolitique du chiisme*
74. Jacques Berque, *Il reste un avenir*
75. Jean-Claude Guillebaud, *L'Esprit du lieu*
76. Edgar Morin, *Pour une politique de civilisation*
77. Alain Golomb, *Profs et Cie*
78. Raymond Jean, *Tutoiements*
79. Patrice Louis, *C'est beau, mais c'est faux*
80. Hervé Laroche, *Dictionnaire des clichés littéraires*

T R A N S C O D É
ET ACHEVÉ D'IMPRIMER
EN JANVIER 2003
SUR LES PRESSES DE
CORLET IMPRIMEUR
À CONDÉ-SUR-NOIREAU
C A L V A D O S

Numéro d'édition : 0491
Numéro d'impression : 73711
Dépôt légal : octobre 2003
Imprimé en France